www.ingramcontent.com/pod-product-compliance
Lightning Source LLC
LaVergne TN
LVHW050754051026
849532LV00008B/2863
* 9 7 8 8 1 1 9 0 2 2 4 1 0 *

زندگی : کبھی ہنسی کبھی آنسو

(تعمیرنیوز ویب پورٹل کے منتخب مضامین)

زندگی سیریز:4

مرتب:

مکرم نیاز

Zindagi : kabhi hansi kabi aansu (Essays)
by: Mukarram Niyaz
Edition: August '2025
Publisher :
Taemeer Publications LLC (Michigan, USA / Hyderabad, India)

ISBN 978-81-19022-41-0
9 788119 022410

کتاب	:	**زندگی : ہے ایک پہیلی** (مضامین)
مرتب	:	**مکرم نیاز**
صنف	:	غیر افسانوی نثر
ناشر	:	تعمیر پبلی کیشنز (حیدرآباد، انڈیا)
سالِ اشاعت	:	۲۰۲۵ء
صفحات	:	۸۶
سرورق ڈیزائن	:	تعمیر ویب ڈیزائن

فہرست

پیش لفظ

زندگی : لب پہ ہنسی آنکھ میں آنسو

مکرم نیاز

مطالعہ کا جو بصری سفر گذشتہ نصف صدی میں بیتا ہے وہ ایک معنوں میں تین ادوار پر مشتمل ہے۔ (۱) کاغذی اخبار، کتب و رسائل، (۲) انٹرنیٹ کی ویب سائٹس اور (۳) سوشل میڈیا۔ ہر چند کہ تینوں زمانے اب بھی جاری ہیں مگر ثانی الذکر دونوں دَور بوجہ ترجیحی طور پر آگے محسوس ہوتے ہیں۔ آن لائن یا ڈیجیٹل مطالعہ کی یوں تو ڈھیر ساری خصوصیات گنائی جا سکتی ہیں مگر سب سے بڑی خصوصیت مطلوبہ مواد کی فوری تلاش میں سہولت کی عام دستیابی ہے۔

اردو طباعت (پرنٹنگ) کے میدان میں آج بھی سینکڑوں اخبارات اور کتب و رسائل ہندوستان سے شائع ہوتے ہیں جن میں سے اکثر و بیشتر اخبار و رسائل کی اپنی ویب سائیٹس بھی موجود ہیں۔ پھر بھی اردو زبان کی مستند خبروں، علمی، ادبی و معلوماتی مواد کی کمی جب محسوس ہوئی تو راقم الحروف نے ۱۵؍دسمبر ۲۰۱۲ کو 'تعمیر نیوز' کا آغاز بطور نیوز پورٹل کیا تھا جسے بعد ازاں جنوری ۲۰۱۸ء سے ایک علمی، ادبی، سماجی اور ثقافتی پورٹل

میں تبدیل کیا گیا۔ تبدیلی کی بنیادی فکر یہی رہی کہ اردوداں قارئین کے ذوقِ مطالعہ میں اضافہ کی خاطر انہیں صرف خبروں تک محدود رکھنے کے بجائے اردو زبان و ادب کے اس علمی ذخیرے سے مستفید کیا جائے جس کی سائبر دنیا میں آج بھی کمی محسوس کی جاتی ہے۔
گیارہ (۱۱) سالہ طویل سفر کے دوران 'تعمیر نیوز' نے علمی و ادبی مواد کے انتخاب، معیار کی برقراری اور نوجوان قلمکاروں کی تحریروں کی تدوین، اشاعت اور ان کی حوصلہ افزائی کے لیے اپنا فریضہ نبھانے میں کوئی کوتاہی نہیں برتی ہے۔ اسی لیے ماہر تعلیم اور سوشل میڈیا پر اردو کی ترویج میں مشغول ممتاز استاذ و ادیب ڈاکٹر اسلم فاروقی نے لکھا کہ:

"جب کبھی کسی اردو ریسرچ اسکالر کو زبان و ادب سے متعلق کچھ اہم مواد کی تلاش ہوتی ہے اور گوگل میں اردو یونیکوڈ میں جب ہم کوئی موضوع لکھ کر سرچ کرتے ہیں تو جس کارآمد مواد تک ہماری رسائی ہوتی ہے وہ 'تعمیر نیوز' پر دستیاب رہتا ہے۔"

انفارمیشن ٹیکنالوجی نے آدمی کو اتنا ترقی یافتہ بنادیا ہے کہ وہ اپنا وقت ضائع کئے بغیر کہیں بھی بیٹھے بیٹھے پوری دنیا سے سوشل میڈیا کے ذریعے رابطہ قائم کر سکتا ہے۔ سوشل میڈیا کا بنیادی مقصد ہی دنیا کے تمام انسانوں کو ایک دوسرے سے قریب لا کر انہیں آپس میں جوڑنا ہے تا کہ وہ باہمی خوشیاں بانٹ سکیں، ایک دوسرے کے افکار و خیالات سے استفادہ کر سکیں اور سماجی ناانصافیوں، استحصال اور ظلم و بربریت کے خلاف مشترکہ صدائے احتجاج بلند کر سکیں۔ عصر حاضر میں سوشل میڈیا جہاں عوام میں آگاہی کا فریضہ انجام دے رہا ہے وہیں معلومات کی فراہمی اور شعور بیداری کا ایک بہت بڑا ذریعہ بھی ہے۔ یہی سبب ہے کہ راقم الحروف نے علمی، اصلاحی اور سماجی موضوعات پر لکھنے کی

طرف زیادہ توجہ دی ہے۔ مگر اس پابندی کے ساتھ کہ لفاظی کرنے یا دیگر ذیلی متنازعہ پہلوؤں کو چھیڑنے کے بجائے نفس موضوع تک محدود رہ کر مختصر مگر جامع انداز میں درست موقف کو سامنے لانے کی سعی کی جائے۔

اس کتاب میں 'تعمیر نیوز' سے اخذ کردہ ایسے مضامین کو شامل کرنے کی ممکنہ کوشش کی گئی ہے جو زندگی کے منفرد و متنوع مسائل کا احاطہ کرتے ہوئے قاری کی مناسب علمی و سماجی رہنمائی کا فرض بھی انجام دے سکیں۔ امید ہے کہ اس قلمی کاوش کا علمی و سماجی حلقوں میں استقبال کیا جائے گا۔

۱۳/ اگست ۲۰۲۵ء

حیدرآباد (تلنگانہ، انڈیا)

۱

طنز خطرناک مشغلہ ہے

رشید احمد صدیقی

رشید احمد صدیقی کا ایک خط

محترمی۔ تسلیم

آپ کا اصرار ہے کہ میں طنز و ظرافت پر آپ کے رسالہ کے لئے کچھ حاضر کروں۔ اس سلسلہ میں آپ نے میری کوئی معذرت قبول نہ فرمائی۔ اس میں آپ کا قصور نہیں۔ میری بدنصیبی ہے اور چونکہ بدنصیبی میرا خانگی معاملہ ہے اس لئے اس میں حصہ لینے کی نہ میں آپ کو دعوت دے سکتا ہوں نہ خود اس کو طوالت دینے میں کوئی فائدہ دیکھتا ہوں۔

طنز و ظرافت کا کام میں نے نہ کہیں سیکھا نہ پڑھا، بس ایک دن نہ معلوم کیوں اور کیسے علی گڑھ میں یہ کاروبار شروع ہو گیا اور چل نکلا۔ اس میں علی گڑھ کا جو کم و بیش چالیس سال سے میرا اوڑھنا بچھونا رہا ہے بڑا دخل ہے۔ کیوں اور کیسے قصہ کوتہ۔ بڑی کہانی ہے!

میں ذرا غبی واقع ہوا ہوں۔ کتابوں میں جو لکھا ہوتا ہے یا کوئی خدا ترس جو کچھ بتاتا ہے وہ میری سمجھ میں نہیں آتا۔ علی گڑھ نے یہ مشکل اس طرح آسان کر دی کہ جو کچھ میری سمجھ میں آتا اسی کو اس نے اپنی چرخ پر چڑھا کر میرے لئے میرا سہارا بنا دیا۔ روٹی کا

بھی رسوائی کا بھی!

طبیعت کی افتاد کے اعتبار سے میں طنز کا آدمی نہیں ہوں۔ طنز کے لئے عام طور پر جس جلن اور جس قسم کے جلال یا جس بیزاری اور برہمی کی ضرورت ہوتی ہے وہ مجھ میں اتنی نہیں جتنی ہونی چاہئے۔ جس کا مجھے افسوس نہیں ہے، میں اپنا کام دوسرے طریقہ سے نکال لیتا ہوں۔ آپ تو جانتے ہیں ایک حس کی کمی فطرت دوسرے حصہ کو زیادہ فعال بنا کر پوری کر دیتی ہے۔ ظلم، بے ہودگی اور تنگ نظری پر جو طنز کی محرکات میں سے ہیں مجھے غصہ آتا ہے لیکن اس سے زیادہ ہنسی بعض طنز نگاروں کے ظلم، بے ہودگی اور تنگ نظری پر آئی ہے! آتش کی ایک بڑے معرکہ کی غزل کا شعر ہے۔

آیا تھا بلبلوں کی تدبیر میں، گلوں نے
ہنس ہنس کے مار ڈالا صیاد کو چمن میں

ظرافت کے اسرار اور رموز کو ذہن میں رکھ کر اس شعر پر غور کیجئے۔

طنز بڑا مشکل فن ہے۔ ظرافت اس سے بھی زیادہ۔ اس لئے کہ ظرافت اتنا ہی نازک فن بھی ہے، خطرہ کا مقابلہ نسبتاً آسان ہے نزاکت کے مرحلوں سے خیر وخوبی سے گزر جانا بڑا مشکل ہوتا ہے۔ اتنا مشکل کہ خدا ہی آسان کرے تو ہو۔ میں نے خدا کا نام یہاں بشارت کی خاطر نہیں لیا ہے خطرے کے اعلان کے لئے لیا ہے! غم وغصہ میں مقررہ حدود سے تجاوز کر جائے تو لوگ معاف کر دیتے ہیں۔ عدالت تک معاف کر دیتی ہے۔ لیکن ظرافت میں ذرا چوک ہو جائے تو کوئی نہیں بخشتا اور اس لئے نہیں بخشتا کہ بخشنے والا خود منہ دکھلانے کے قابل نہیں رہتا۔

فن کوئی ہو اگر اس میں خامی رہ جائے تو خطرہ سے خالی نہیں۔ اپنے لئے بھی

دوسروں کے لئے بھی۔ طنز و ظرافت کی وضاحت کرتے ہوئے ایک بار میں نے کہیں کہا تھا کہ ان کی مثال "سفلی علم" سے دی جا سکتی ہے۔ جس میں کہیں خامی رہ جائے تو دشمن کے بجائے خود عامل اس کا شکار ہو جاتا ہے۔ طنز و ظرافت کی تاریخ اتنی ہی قدیم، طویل، اور دلچسپ ہے جتنی کہ انسان کی تاریخ جسے میں یہاں دہرانے پر تیار نہیں۔ آپ کے رسالہ کے اس نمبر میں کسی نہ کسی نے یہ فریضہ ضرور ادا کیا ہو گا۔ میں صرف یہ عرض کروں گا کہ طنز حربہ ہے ظرافت طاقت، طنز بغاوت ہے۔ ظرافت انقلاب۔

طنز و ظرافت کے اردو میں کیسے نمونے ملتے ہیں۔ کسی شخص یا عہد کا ان کی ترقی میں کیا حصہ ہے اور طنز و ظرافت کا مستقبل کیا ہے ان موضوعات پر گفتگو کی جا سکتی ہے۔ لیکن اس طرح کی گفتگو کی ذمہ داری میں نے نہیں لی ہے۔ البتہ طنز و ظرافت کے بارے میں اتنا کہنا چاہتا ہوں کہ طنز گالی گلوج نہیں اور ظرافت پھکڑ اور مسخرگی نہیں۔ طنز و ظرافت کا کاروبار اس شخص کو ہرگز راس نہیں آئے گا۔

جسے عیش میں یادِ خدا نہ رہی
جسے طیش میں خوفِ خدا نہ رہا

طنز و ظرافت اصلی معنوں میں اس قوم و ملک میں فروغ پاتی ہے جو آزاد ہو اور آزادی کو عزیز رکھتی ہو۔ محکوم قوم اور ملک میں ان پنپنے کا امکان نہیں۔ جہاں دیوتاؤں اور بادشاہوں کی پرستش ہو گی وہاں کے شعر و ادب میں گالی گلوج، پھکڑ اور مسخرگی تو ممکن ہے مل جائے طنز و ظرافت نہ ملے گی۔ آپ پورے ایشیا کے شعر و ادب کو دیکھ جائیں (شاید بہ استثنا عرب) آپ کو کوئی قوم یا ملک ایسا نہ ملے گا جہاں طنز کے اچھے نمونے ملتے ہوں اور ظرافت کو بھی شامل کر لیجئے تو عرب کا استثنا بھی باقی نہ رہے گا۔

اس نظریہ کے تحت آپ انگلستان اور دوسرے ممالک کے شعروادب کا جائزہ لیں تو معلوم ہوگا کہ طنزوظرافت کے شاید سب سے اچھے اور مکمل نمونے انگریزی شعروادب میں ملیں گے اس لئے کہ اپنے اوپر ہنسنے اور نکتہ چینی کرنے میں انگریز سب سے پیش پیش رہے ہیں۔ انگریز شکار، کھیل بالخصوص کرکٹ کے بڑے دلدادہ ہیں۔ یہ ہی سبب ہے کہ ان کے یہاں اسپورٹسمین شپ کا جو تصور ہے یا کرکٹ کا جو مفہوم یہ لیتے ہیں وہ ہم کو کہیں اور نظر نہیں آتا۔ آپ غور فرمائیں تو یہ بھی محسوس ہوگا کہ انگریزوں کی جو یہ قوم بڑے سے بڑا حادثہ آسانی سے جھیل جاتی ہے اور اپنا سر اونچا رکھتی ہے، اس کا سبب بھی یہی طنزو ظرافت اور اسپورٹسمین شب ہے۔ یہاں یہ کہنے کی اتنی ضرورت نہیں محسوس ہوتی کہ اسپورٹ مین شپ اور طنزوظرافت کا ایک دوسرے سے بڑا معنوی تعلق ہے۔

اردو میں طنزو ظرافت کے جتنے اچھے اور بھرپور نمونے ملتے ہیں وہ اس ملک کی دوسری زبانوں میں شاید نہ ملیں۔ اردو جن زبانوں پر بنی ہے یا ہندوستان، ایران، عرب کے جن زبانوں سے اس کا قریب یا دور کا واسطہ ہے ان میں بھی طنزو ظرافت کے ایسے نمونے نہ ملیں گے جیسے کہ اردو میں ملتے ہیں۔ اس کے بے شمار اسباب ہیں جن میں سے ایک یہ بھی ہیکہ اردو میں یہ بات غزل سے آئی ہے جو اور باتوں کے علاوہ بات کہنے کی میزان یا معیار بھی ہے۔ کون سی بات کب کہی جائے۔ کتنی کہی جائے اور کیسے کہی جائے۔ یہ غزل بتاتی ہے۔ طنزو ظرافت میں اس طرح کے میزان و معیار کی اہمیت مسلم ہے!

آخر میں ایک بات اور کہنی ہے وہ یہ کہ طنزو ظرافت بڑا دلچسپ بڑا نازک اور بڑا خطرناک مشغلہ ہے۔ اس لئے کہ یہ ہماری زندگی اور شعروادب کا اتنا ہی اہم مسئلہ بھی ہے

جیسے مثلاً جنس کا مسئلہ جو ہماری زندگی اور شعر وادب میں ہمیشہ سے دخیل چلا آتا ہے اب آپ ہی اندازہ فرمالیجئے دونوں (طنز وظرافت اور جنسیات) کو اچھے اور اعلیٰ شعر وادب میں ڈھالنے میں فن کار کو کس کس افتاد سے کہاں کہاں سابقہ پڑتا ہے اور کہیں کوئی چوک ہو جائے تو کیا انجام ہوتا ہے!

Satire is a dangerous hobby. Essay: Rasheed Ahmed Siddiqui.

***

۲

یہ ہے بمبئی مری جان

پرویز یداللہ مہدی

بمبئی کی ہر چال لاتعداد کمروں پر مشتمل ہوتی ہے۔ اور ہر کمرہ حجرہ سے کم نہیں۔ ان قبر نما کمروں کے محدود " حدود اربعہ " کو دیکھ کر یہ گمان ہوتا ہے کہ پہلے پہل جن آرکٹیکٹ نے ان کمروں کا نقشہ بنایا ہوگا اس کے آباواجداد یقیناً " گورکن " رہے ہوں گے۔ ان کمروں کو گھر کہنا ایسا ہی ہے جیسے کسی ماڈرن حسینہ کی بکنی (Bikini) کو لباس کہنا۔ اسی لیے سمجھدار لوگ ان نام نہاد کمروں کو کھولی کہتے ہیں۔ کیونکہ یہ کھلے گلے کے " بلوز " کی طرح اپنے مکینوں کی کسمپرسی کی جی کھول کر نمائش کرتے ہیں۔ ویسے یہ کھولیاں بظاہر چار دیواروں ایک چھت ایک عدد دروازے اور ایک آدھ کھڑکی پر مشتمل ہوتی ہیں تاہم ان میں سوائے تازہ ہوا اور روشنی کے ہر چیز بلا روک ٹوک چلی آتی ہے۔ جیسے چوہے ، چینٹیاں ، جھینگر ، کھٹمل ، مچھر ، مکھیاں اور مہمان۔۔ یوں بھی بمبئی کی کھولی اور فقیر کی جھولی میں کوئی فرق نہیں دونوں ہی " سمٹے تو دل عاشق پھیلے تو زمانہ " کی منہ بولتی تصویر ہیں۔

آپ نے قومی یک جہتی کے نعرے تو بہت سنے ہوں گے لیکن اگر " ہاوزنگ یک جہتی " کا نظارہ دیکھنا ہو تو بمبئی کی کھولیاں دیکھ لیجئے انشاء اللہ آپ کے چودہ طبق " ٹوٹل بلیک

آوٹ" ہو جائیں گے۔ کہاوت ہے کہ دیواروں کے بھی کان ہوتے ہیں لیکن کھولیوں کی دیواروں کو قدرت نے کانوں کے علاوہ آنکھوں کی نعمت سے بھی نوازا ہے، اس لیے کھولی نشین افراد اکثر ایک دوسرے کے عیوب اور کمزوریاں فریقین پر روشن ہوں تو آدمی آنکھ ہی نہیں کچھ بھی ملا کر بات نہیں کر سکتا۔۔!

کھولیوں کی چغل خور دیواریں کبھی کبھی بڑے عجیب تماشے بھی دکھاتی ہیں۔ رات کی خاموشی میں اچانک ایک میٹھی رسیلی سرگوشی کھولی نشین کے کانوں کے راستے دل تک پہنچتی ہے، اور پھر خواہشات کی مرمریں کنکریاں جذبات کی جھیل میں گرداب پیدا کرتی ہیں۔ کھولی نشین بے قابو ہو کر اپنے پہلو میں لیٹی ہوئی شریک حیات کے اور قریب پہنچتا ہے لیکن وہاں جو ردعمل اس کا سواگت کرتا ہے وہ اس کے جذبات پر اوس ڈال دیتا ہے کیونکہ اس کی گھر والی تو اپنے سارے گھوڑے، گدھے، مرغیاں، بلبلاں بیچ کر مزے میں سو رہی ہوتی ہے اور جس سرگوشی کے سگنل نے اسے گدگدا کر جگایا تھا وہ پڑوسن کا ثابت ہوتا ہے جو ظاہر ہے اس کے لیے نہیں "اپنے گھر والے کے لیے تھا گویا وہی بات کہ

"چوڑی کوئی کھنکے تو لگتا ہے کہ تم ہو"

اسی طرح بھوک کے مارے رو رو کے نڈھال کسی اور کھولی کا نونہال ہوتا ہے اور بغیر مانگ کے نہال کوئی اور کھولی کا نونہال کر دیا جاتا ہے۔!!

فلیٹ تھری پیس سوٹ۔ کھولیاں انڈرویر

بمبئی میں جو خوش نصیب اونچی اونچی پکی بلڈنگوں میں رہتے ہیں وہ فلیٹ پرداز کہلاتے ہیں۔ جبکہ چالوں میں رہنے والے کھولی نشین۔۔ فلیٹ اور کھولی میں وہی فرق ہوتا ہے جو کسی عالیشان "مقبرے" اور مفلس کی "قبر" میں ہوتا ہے۔ فلیٹ میں ڈرائنگ روم' بڈروم، کچن، باتھ روم سب کا اپنا الگ الگ مقام ہوتا ہے، اپنی اپنی انفرادی حیثیت ہوتی

ہے۔ جبکہ کھولیاں ٹو۔ ان۔ ون (Two - In - One) بلکہ " تھری۔ ان۔ ون (Three - In - One) کی تعریف میں آتی ہیں چنانچہ صبح یہ کچن کا کام دیتی ہیں دوپہر میں ڈرائنگ روم کا اور رات میں بڈروم میں تبدیل ہو جاتی ہیں۔ کھولیاں اصل میں مفلس کی عزت کی طرح ہوتی ہیں جس پر ہر ایرا غیرا ہاتھ ڈال سکتا ہے۔ جبکہ فلیٹ مالدار کے گناہ کی صورت عموماً پس پردہ رہتے ہیں۔۔

فلیٹ برداروں اور کھولی نشینوں کے رہن سہن، عادات اطوار، کردار گفتار، یہاں تک کہ ان کے آدابِ نشست و برخاست بھی مختلف ہوتے ہیں۔ کھولی کی کل کائنات چونکہ دس فیٹ دس فیٹ (۱۰ x ۱۰) کے رقبے تک محدود ہوتی ہے۔ اس لیے ہر کھولی نشین اپنی چادر کی گنجائش اور کھولی کی پیمائش کو مد نظر رکھتے ہوئے اپنے پاؤں پسارتا ہے بلکہ پاؤں پسارنے سے پہلے افراد خاندان کی صحیح تعداد کو بھی ذہن میں رکھتا ہے یہی وجہ ہے کہ کھولی کے ہر فرد کی اپنی حد یعنی سرحد متعین ہوتی ہے۔ نتیجتاً ہر کھولی نشین زندگی دینے والے سے خاموشی کی زبان میں اکثر یہ گلہ کرتا نظر آتا ہے۔

زندگی تو نے مجھے قبر سے تنگ دی ہے زمیں

پاؤں پھیلاؤں تو دیوار سے سر لگتا ہے

اتفاق سے ہمارے ایک خیر خواہ ایک عدد والد، ایک عدد والدہ ایک عدد بیوی سات عدد بچوں، دو عدد کتوں اور چار عدد طوطوں کے ساتھ " دس بائی دس " کی ایک کھولی میں رہتے ہیں اور اپنے ذاتی تجربے کی روشنی میں اکثر یہ فرماتے ہیں کہ اکبر اعظم نے تو صرف ایک عدد انار کلی کو زندہ دیوار میں چنوادیا تھا۔ جبکہ آج جمہور کے دور میں سارا نچلا اور نچلا متوسط طبقہ کھولیوں کی دیواروں میں زندہ چنا ہوا ہے۔ موصوف چونکہ فطرتاً مہمان نواز بھی ہیں۔ اس لیے برس کے بارہ مہینے ان کے ہاں ثوابِ جاریہ کی طرح مہمانوں کا تانتا

بندھا رہتا ہے۔ یوں بھی مہمان اور موت دونوں کو آنے سے کوئی نہیں روک سکتا ہے اور ان کے ہاں تو مہمانوں کی آمد و رفت کی ترتیب عموماً یہ ہوتی ہے کہ جتنی دیر میں ایک مہمان کا بوریا بستر بندھتا ہے اتنے عرصہ میں نئے مہمان کا بندھا ہوا بستر کھل جاتا ہے۔

مہمانوں کی سہولت کے لیے موصوف نے کھولی کی دیواروں سے ریلوے کے "تھری ٹائیر کمپارٹمنٹ" کی طرح برتھس (Berths) لگا رکھی ہیں۔ جیسے ہی کوئی مہمان نازل ہوتا ہے فوراً ایک عدد "برتھ" الاٹ کر دی جاتی ہے۔ اس کے علاوہ جو کھانا تین وقت مہمان کی خدمت میں پیش کیا جاتا ہے وہ ہو بہو ایسا ہی ہوتا ہے جیسا کہ ریلوے اسٹیشن کی کینٹینوں میں ملتا ہے جسے کوئی بھی ہوشمند مسافر ایک بار زہر مار کرنے کے بعد دوسری بار کھانے کی ہوس نہیں کرتا۔ بھارتیہ ریلوے کے اس آزمودہ نسخے کے سبب موصوف کے ہاں کبھی بھی مہمانوں کے "سرکیولیشن" کا توازن نہیں بگڑتا یعنی ہر مہمان دوسرے تازہ دار مہمان کے حق میں خوشی خوشی "اپنی" برتھ خالی کر کے "بیک ٹو دی پویلین" ہو جاتا ہے۔

ویسے ہمارے خیر خواہ کی کھولی کا ذکر خیر بر سبیل تذکرہ آ گیا۔ ورنہ سچ پوچھیے تو ہم نے ایسی اوور لوڈ (Over Load) کھولیاں بھی دیکھی ہیں جن پر واقعی کسی ایکسپریس ٹرین کے کھچا کھچ بھرے ہوئے ان ریزرو کمپارٹمنٹ کا گمان ہوتا ہے۔ جو لوگ یوگا سے دلچسپی رکھتے ہیں انہیں ہمارا مخلصانہ مشورہ ہے کہ کسی یوگا کلاس میں داخلہ لینے کے بجائے پیمانے کی طرح لبریز کسی کھولی میں پئینگ اگسٹ کی حیثیت سے صرف ایک مہینہ گذار لیں۔ انشاء اللہ یوگا کے جملہ چھوٹے بڑے کشیدہ و پیچیدہ ہر ڈھب کے "آسن" عمر بھر کے لیے ازبر ہو جائیں گے۔

جب بھی ہم نے ان کچی ادھ کچی کھولیوں کا موازنہ پکّے فلیٹوں سے کیا ہے تشبیہ

ہمارے ذہن میں ابھری کہ پکے فلیٹ اگر تھری پیس سوٹ ہیں تو کچی کھولیاں " انڈرویئر " اور اسی مناسبت سے سماج میں کھولی نشینوں کی حیثیت اس شخص جیسی ہے جو صرف انڈرویئر پہن کر سڑک پر نکل آیا ہو جسے نہ تو پوری طرح بے عزت گردانا جاتا ہے اور نہ باعزت تسلیم کیا جاتا ہے، اسی بات کو ذرا وسیع پیمانے پر دیکھئے تو بلا جھجھک یہ کہا جاسکتا ہے کہ آج سارا نچلا اور متوسط طبقہ صرف انڈرویئر پہنے ہوئے ہے۔ جب تک اس طبقے کے افراد اپنی کھولی سے باہر رہتے ہیں انڈرویئر پہنے رہتے ہیں اور جب کھولی میں پہنچ جاتے ہیں تو یہی انڈرویئر انہیں پہن لیتا ہے۔ یوں بھی کھولیوں میں آدمی جیتا نہیں دن پورے کرتا ہے۔ ظاہر ہے کالی کوٹھری میں صرف سزا ہی کاٹی جاسکتی ہے اس لیے کھولی کے تنگنائے میں محبوس ہر کھولی نشین کے لب پر ایک یہی تمنا دعا بنکر بار بار آتی ہے کہ۔

میرے خدا تو مجھے اتنا تو معتبر کردے
میں جس مکان میں رہتا ہوں اس کو گھر کردے

Yeh hai Bombay meri jaan. Light Essay by: Pervez Yadullah Mehdi

***

۳

لے آئیں گے بازار سے جا کر دل

عابد معز

یہ بات ہر کسی کے علم میں ہے کہ انیس ویں صدی میں مرزا غالب اردو زبان کے ایک نامی گرامی شاعر گزرے ہیں۔ اس بات کو دہرانے میں کوئی مضائقہ نہیں بلکہ ذائقہ ہی ہے۔ اس لیے میں مکرر عرض کر رہا ہوں۔ اردو زبان میں ایک شاعر ڈھونڈنے جائیں تو ہزاروں کی تعداد میں ملتے ہیں لیکن مرزا غالب تب سے اب تک ڈیڑھ سو برس سے زیادہ عرصہ سے شعر و ادب پر چھائے ہوئے ہیں۔

مرزا غالب نے ایسے عجیب و غریب اشعار کہے ہیں کہ "ادبی ماہرین" اب تک ان کی تشریح کرنے میں مصروف ہیں۔ اس ادبی ریاضت کے عوض انھیں اعلیٰ ڈگریاں عطاء کی جاتی ہیں۔ مرزا غالب نے ایک مصرعہ میں بازار سے دل لے آنے کی خواہش کا اظہار کیا تھا۔

لے آئیں گے بازار سے جا کر دل و جاں اور

یہ ایک طرح سے مرزا غالب کی پیشن گوئی تھی کہ ایسا وقت بھی آئے گا جب ہم بازار سے دل و جاں لا سکیں گے۔ وہ وقت آ چکا ہے۔ سائنسدانوں کی انتھک کوششوں کے سبب اب بازار میں دل دستیاب ہے۔ دل کے ساتھ ہی جان ہے۔ دل دھڑکتا ہے تو جان

رہتی ہے اور جیسے ہی دل کام کرنا بند کر دیتا ہے تو جان بھی چلی جاتی ہے۔ گویا دل و جان لازم وملزوم ہیں۔

بازار میں ملنے والے دل کو امریکہ کی ابیو میڈ (Abio Med) نامی کمپنی نے تیار کیا ہے۔ اسے پلاسٹک اور ٹیٹانیم سے بنایا گیا ہے۔ یہ خود کار، سافٹ بال جتنی جسامت والا دل، اصلی دل کا متبادل ثابت ہو گا اور اسے مریض کے سینے میں دل کی جگہ پیوند کیا جائے گا۔

امسال (۲۰۰۱ء) ۲/ جولائی کو سرجن رابرٹ ڈولنگ نے پہلا مشینی، مصنوعی یا بازاری دل آپ جو مناسب سمجھیں نام دیں، کینٹکی ہسپتال میں ایک مریض کو لگایا ہے۔

ڈاکٹروں کے مطابق مریض کے سینے میں یہ بازاری دل اچھی طرح کام کر رہا ہے گو کہ مریض کی عام حالت تشفی بخش نہیں ہے۔ آخری اطلاعات ملنے تک خود کار دل پندرہ لاکھ مرتبہ دھڑک چکا ہے۔ ڈاکٹر ڈولنگ بازاری دل کی شاندار کارکردگی سے مطمئن اور خوش ہیں اور انھوں نے کہا کہ مصنوعی دل سے ان کی ہمت افزائی ہوئی ہے۔ انھوں نے اسے ایک شاندار اور بے مثال کارنامہ قرار دیا۔ تاہم اپنے نئے دل کے حوالے سے مریض کے تاثرات اس لیے نہ معلوم ہو سکے کہ وہ بے حد کمزور ہو گیا ہے۔ یہ موجودہ دور کے ہائی ٹیک علاج کا خاصہ ہے۔ ڈاکٹر اپنے کارنامے پر خوش ہوتے ہیں جبکہ مریض اپنی صحت تو دور اپنے ہی بارے میں تبصرہ کرنے کی پوزیشن میں بھی نہیں ہوتے!

بہر حال مجھے خوشی ہے۔ آپ کو بھی خوشی ہوئی ہو گی کہ مرزا غالب کی دلی مراد پوری ہوئی اور بازار میں دل دستیاب ہے۔ جب دل چلا جائے گا، نکل جائے گا، پھسل جائے گا، چوری ہو جائے گا، چھین لیا جائے گا، اٹک جائے گا، کہیں لگ جائے گا، لٹ جائے گا، ٹوٹ جائے گا، اکھڑ جائے گا، بیٹھ جائے گا، ڈوب جائے گا، رُک جائے گا، جل جائے گا،

چھلنی ہو جائے گا، بیمار ہو گا یا پھر دھڑکنا بند کر دے گا تو بقول مرزا غالب، لے آئیں گے بازار سے جا کر دل و جاں اور۔۔۔

بازار میں فاضل دل ملنے سے نوجوانوں اور دل والوں کی بن آئے گی۔ وہ ہاتھ میں دل لیے پھریں گے اور جہاں موقع ملے گا اسے پیش کر دیں گے۔ دونوں طرف اگر محبت کی آگ برابر لگی ہو تو دلوں کا تبادلہ عمل میں آئے گا۔ نظروں سے اوجھل دلوں کا لین دین اب بھی ہوتا ہے لیکن بازار میں دلوں کی دستیابی سے یہ لین دین کھلے عام اور بہ بانگ دہل ہو گا۔ اب عاشق دل کی تصویر والے کارڈ بھیجنے کے بجائے سالم دل ہی پیش کر دیا کریں گے۔ دل کو حاصل کرنے کے بعد اسے چھپا کر سیف میں رکھیں گے۔ کوئی دل کو قید کر لے گا تو کوئی دل کی نمائش کرے گا۔ دل واپس بھی ہونے لگیں گے۔ محبوبہ کی رقیب کے ساتھ شادی پر عاشق ٹوٹے دل کو پیش کرے گا جس سے قیمتی تحفہ کوئی دوسرا نہ ہو گا۔ دلوں کے لین دین میں ایک دل کی قید بھی نہ ہو گی۔ حسب استطاعت دل والے دو، چار، چھ یا اس سے زیادہ دل لیے پھریں گے۔ اگر دل ساتھ نہ ہو تو بھی غم نہیں، ضرورت پڑنے پر بازار سے خرید لیں گے۔ دل پھینک لوگوں کی جیسے عید ہو گئی۔ وہ دلوں سے بھرا کارٹن لیے دل بانٹتے پھریں گے!

مصنوعی دل کے برائے فروخت ہونے پر میں خوشی سے دل کو واقعتاً بیس بال سمجھ کر قیاس کے گھوڑے دوڑانے اور دل سے کھیلنے لگا۔ لیکن بازار میں دل اتنا عام اور کھلا نہیں ملے گا۔ وہ مخصوص دواخانوں کے ذریعہ ہی مل پائے گا اور وہ بھی ڈاکٹر کے نسخہ پر۔ دل کی خرید و فروخت اور استعمال ماہرین کی نگرانی میں ہو گا۔ ماہرین فیصلہ کریں گے کہ کس کو ایک اور دل چاہیے اور کون دل خریدنے کا مستحق ہے۔ ابھی تو صرف ایک کمپنی کو اجازت دی گئی ہے اور اس کمپنی نے بازار میں اپنے دل کا نام ابیو کور (Abio Cor) رکھا ہے۔

اس دل کی لاگت پچھتّر ہزار ڈالر آئی ہے۔

اس کامیاب تجربہ سے قوی امید ہے کہ چند دوسری کمپنیوں کو بھی دل بنانے کی اجازت ملے گی اور دل کی قیمت بتدریج کم ہوتے ہوئے بیس پچیس ہزار ڈالر تک آجائے گی۔

میرے خیال میں دل کی یہ قیمت کم ہی ہے۔ دل تو "لاقیمت" ہوتا ہے۔ بازار میں دل ملنے لگا ہے، یہی بہت ہے۔ اب تک مصنوعی گردے، پھیپھڑے، گھٹنے اور آنکھیں وغیرہ ملتے تھے، چلئے اب دل بھی دستیاب ہے۔ بنی نوع انسان کی ایک بہت بڑی ضرورت پوری ہوئی ہے۔ ایک اندازے کے مطابق سالانہ پانچ تا دس ہزار فاضل دلوں کی ضرورت پڑتی ہے۔ اتنی تعداد میں دلوں کی مانگ کو دیکھ کر اندازہ کیا جاسکتا ہے کہ جلد ہی ماہرین کو دوسری کمپنیوں کو بھی دل بنانے کی اجازت دینی پڑے گی۔

بازار میں مختلف کمپنیوں اور مختلف مقامات کے دل ہوں گے۔ لوگ ڈاکٹر سے دریافت کریں گے کہ کون سا دل اچھا رہے گا؟ امریکہ والا یا جاپان کا دل بہتر ہوگا۔ لوگ اپنا تجربہ بھی بیان کریں گے۔ "میں نے مقامی دل لگا لیا تھا اس کی کارکردگی اچھی نہیں ہے۔ سوچتا ہوں کہ اب امپورٹیڈ دل لگالوں۔"

جب ایک سے زائد کمپنیاں دل بنائیں گی تو ان میں مسابقت بھی ہوگی۔ کمپنیاں اپنے دل کی مارکیٹنگ کریں گی۔ دوائیں اور طبی آلے بنانے والی کمپنیوں کی مارکیٹنگ یوں بھی بہت شاندار ہوتی ہے۔ اب تو انہیں دل بیچنا ہے۔ دل کی مارکیٹنگ قابل دید ہوگی۔ دل خریدنے پر تحفے دینا اور دو دل لینے پر ایک مفت جیسی ترغیبات پرانی اور عام ہیں۔ ہوسکتا ہے کہ دل کے ساتھ دلبر یا دل آرام کا لالچ دیا جائے گا۔

بازار میں دستیاب دل کی گارنٹی یا اس کی عمر پانچ سال رکھی گئی ہے۔ یعنی نقلی دل

ایک مرتبہ کام کرنا شروع کردے تو پانچ سال کے دوران مسلسل اور مستقل اٹھارہ کروڑ مرتبہ دھڑکتا رہے گا۔ اس کے بعد بازاری دل کی گارنٹی نہیں! وہ کام کرنا بند کر سکتا ہے۔ ماہرین کہتے ہیں کہ یہ پانچ برس بھی بہت زیادہ ہیں انسان کا بھروسہ نہیں۔ نقلی دل لگا لینے والے بہت کم لوگ پانچ برس تک جی پائیں گے۔ ان کا خاتمہ بالخیر ہونے کی دل کے علاوہ دیگر کئی وجوہات ہوتی ہیں۔

مشینی دل کام کرتا رہے گا لیکن دل لگا لینے والا چل بسے گا۔ ایسی صورت میں دھڑکتا دل کسی دوسرے کے کام آسکتا ہے۔ سیکنڈ ہینڈ یعنی استعمال شدہ دلوں کی بھی مانگ ہوگی۔ دل کو اوورہال کرکے کسی نئے سینہ میں پیوست کر دیا جائے گا۔ مصنوعی دل کی یہ خوبی ہوگی کہ وہ تین چار لوگوں کے کام آسکے گا۔

پہلا بازاری دل انسانی جسم میں پیوست کر دیا گیا ہے۔ عنقریب مزید دل لوگوں کے سینوں میں بھی بازاری دل دھڑکنے لگیں گے۔ مصنوعی دل لگانے کے بعد ایک نئی صورت حال کا سامنا ہوگا۔ کچھ اندیشے اور کچھ اندازے ذہن میں ابھرتے ہیں لیکن حتمی باتوں کا علم تو تجربات کے بعد ہی ہوگا۔

اصلی دل دھڑکتا ہے تو "لب ڈب۔۔۔ لب ڈب۔۔۔" کی آواز آتی ہے۔ اس آواز کو ڈاکٹر اپنے آلہ سماع الصدر کی مدد سے سنتے ہیں۔ یہ آلہ ڈاکٹر کی شان بھی ہوتا ہے۔ کیا مشینی دل بھی اصلی دل کی طرح ایسی ہی آواز پیدا کرے گا؟ شاید نہیں۔ ماہرین کے مطابق مصنوعی دل ایک پمپ مشین ہے۔ دل کی آواز سننے پر محسوس ہوگا کہ جیسے سینے میں کوئی پمپ چل رہا ہے یا پھر پمپ کے موٹر کی آواز سنائی دے گی۔ مشین کی آواز دوسروں کو بھی سنائی دے سکتی ہے لیکن گمان غالب ہے کہ بنانے والوں نے سائیلنسر کا استعمال کیا ہوگا۔

قدرتی یا اصلی دل مختلف رفتار سے دھڑکتا ہے۔ کسی خوبصورت حسینہ کو دیکھ کر دل کی رفتار تیز ہو جاتی ہے جبکہ بیوی کی موجودگی میں دل آہستہ آہستہ دھڑکتا ہے۔ خطرناک حادثے سے دوچار ہونے پر دل یکدم پھڑپھڑانے بھی لگتا ہے۔ ہو سکتا ہے کہ مشینی دل دھڑکنے کے لیے اس میں اکسیلیٹر اور گیئر لگے ہوتے ہوں گے۔ میرے اس قیاس کو سن کر ایک دوست نے کہا۔ "میاں یہ نظام پرانا اور فرسودہ ہو چکا ہے۔ آج موٹر کاریں تک آٹومیٹک آتی ہیں۔ مشینی دل خود سے رفتار بدلنے کا اہل ہو گا۔"

بازار میں ملنے والا دل برقی توانائی سے کام کرتا ہے۔ مصنوعی دل سلکی تاروں کے ذریعہ جلد کے نیچے لگی ہوئی بیٹری سے جڑا ہوتا ہے۔ یہ بیٹری دل کو کرنٹ فراہم کرتی ہے۔ اس بیٹری کو وقتاً فوقتاً شاید چھ آٹھ گھنٹوں بعد چارج کرنا پڑتا ہے۔ یہ بہت اچھی بات ہے کہ مصنوعی دل کھانا نہیں کھائے گا۔ چلئے صاحب، مریض کو شکر، چکنائی اور کولیسٹرول سے نجات ملے گی۔ بازار سے دل لے آنے کے ساتھ مٹھائی بھی لیتے آئیں گے۔ مصنوعی دل لگنے کے بعد جو دل چاہے وہ کھا سکتے ہیں لیکن وہ اصلی دل کہاں ہے جو میٹھا اور چکنائی کھانا چاہے گا۔ مشینی دل تو کرنٹ مانگے ہے۔ بازاری دل کو بھوک لگنے پر بجلی کے تاروں سے جوڑنا پڑے گا۔

مصنوعی یا بازاری دل لگنے کے بعد صاحب دل کو روایتی بیماریوں سے نجات ملے گی۔ مصنوعی دل کو ہارٹ اٹیک جیسی جان لیوا بیماری نہ ہو گی۔ ہائی بلڈ پریشر کا عارضہ بھی نہیں ہو گا۔ مشینی دل پریشر کو ہر دم نارمل رکھے گا۔ دل دھڑکنے کی رفتار یکساں رہے گی۔ رفتار میں ہونے والے بے قاعدگیوں سے بھی نیا دل محفوظ رہے گا۔ ہو سکتا ہے کہ مشینی اور برقی ہونے کے سبب نئے دل کو کچھ نئی بیماریاں لاحق ہوں۔ شارٹ سرکٹ ہونے کا اندیشہ لگا رہے گا۔ وقت پر دل کی سروسنگ کروانی پڑے گی۔ پرزے بدلنے کی نوبت بھی

آسکتی ہے۔

بازاری دل کے احساسات اور جذبات کیا اور کیسے ہوں گے؟ کیا وہ اصلی دل کی طرح ان کا مسکن ہو گا؟ میں نے یہ سوال ایک ماہر قلب سے کیا کہ اگر مصنوعی دل احساسات اور جذبات سے عاری ہو گا تو پھر ایسا قیمتی دل لگالینے سے کیا فائدہ! دل تو دھڑکتا رہے گا لیکن زندگی بے کیف اور بے لطف ہو گی۔

ماہر قلب نے مجھے اوپر سے نیچے تک دیکھا اور کہا۔ "میاں کئی مرتبہ ہم نے واضح کیا ہے کہ جذبات اور احساسات کا تعلق دماغ سے ہے۔ دل تو بس ایک پمپ مشین ہے۔ نہ جانے تمہارے دماغ میں یہ بات کیوں نہیں سماتی! کم از کم اب نقلی دل ایجاد ہونے کے بعد تو تمہاری سمجھ میں یہ بات آجانی چاہیے۔

Le aaein ge bazaar se Dil. Humorous Essay by: Abid Moiz

***

۴

انتقالِ پر ملال

ڈاکٹر علیم خان فلکی

انا للہ وانا الیہ راجعون

مرحوم محتاجِ تعارف ہرگز نہیں تھے۔ ہر شخص انہیں جانتا ہے۔ اگر نہیں بھی جانتا ہے تو مندرجہ ذیل اوصافِ حمیدہ پڑھ کر ان کا چہرہ ذہن میں گھوم جائے گا۔

ان کا آج انتقال ہو گیا۔۔ اچانک نہیں ہوا کیونکہ انہیں خود بھی یقین تھا کہ موت کسی بھی وقت آسکتی ہے۔ مرحوم نے وارثین کے لئے بہت کچھ مال اور جائداد چھوڑی ہے، اور قوم کے لئے بے شمار مشورے، تبصرے، اعتراضات اور سوالات چھوڑے ہیں۔ مرحوم بیک وقت ایک فلسفی، لیڈر، دانشور اور مصلح ہونے کے ساتھ ساتھ، دین پر بھی، اگرچہ کہ عالم نہیں تھے، لیکن عالمانہ گفتگو کے شوقین انسان تھے۔

لیڈروں اور علما پر تنقید ان کا خاص موضوع تھا، اگر اس پر کوئی ڈاکٹریٹ کی ڈگری ہوتی تو انہی کو اعزازی طور پر دے دی جاتی۔ انہوں نے قوم وملت کے لئے بے شمار ایسے منصوبے چھوڑے جن کو کبھی وہ شروع ہی نہ کر سکے۔ اگرچہ کہ ان کے پاس اِن منصوبوں پر خرچ کرنے کے لئے کافی مال تھا، لیکن چونکہ کوئی منصوبہ کبھی آغاز کی صورت نہ دیکھ سکا، اس لئے مجبوراً وارثین کو وہ مال آپس میں خوشی خوشی تقسیم کر لینا پڑا۔ ہاں بیٹیوں کی

شادیوں کی منصوبہ بندیاں کامیابی سے تکمیل تک پہنچیں، شہر کی قابل رشک شادیوں میں ان کے گھر کی شادیاں شامل ہیں۔ ماشاء اللہ داماد بھی بہت خوددار ملے۔ کسی نے کچھ نہیں مانگا۔ جو بھی ملا، لڑکی والوں نے خوشی سے دیا کہہ کر قبول کر لیا۔

مرحوم بے حد قوم پرست تھے۔ جب گھر میں یا دوستوں کے بیچ دیوان خانے میں ہوتے تو بابری مسجد، کشمیر فائلس، حجاب اور دھرم سنسد جیسے واقعات پر دشمن کو چیر ڈالنے کے قائل تھے۔ لیکن جب باہر ہوتے تو محض پولیس اور قانون کا لحاظ کرتے ہوئے صلح پسند ہو جاتے تھے۔ مسجد، مدرسہ یا خدمتِ خلق کے کاموں میں تو ہزار دو ہزار روپے ضرور دیتے لیکن اگر پاپولر فرنٹ جیسی کوئی انقلابی تحریک ان تک رسائی کرے تو صاف کہہ دیتے کہ آپ ناگپور سے ایک کنڈکٹ سرٹیفکٹ لا لیں کہ آپ پر حکومت کی نظر نہیں ہے، میں ضرور مدد کروں گا۔

انہیں یقین ہو چکا تھا کہ دشمن بہت طاقتور ہے، ہم کچھ نہیں کر سکتے، بس دعا کر سکتے ہیں، اس لئے جب بھی کوئی بری خبر آتی فوری یہ دعا کرتے اے اللہ! مسلمانوں کی حفاظت فرما۔ دشمن کا خاتمہ فرما دے۔

مرحوم جماعت کے منکر نہیں تھے لیکن اپنے نام کے ساتھ کسی جماعت کا لیبل لگانا پسند نہیں کرتے تھے۔ مرحوم امت میں اتحاد پیدا کرنے کے خواہاں تھے، اس لئے جس جماعت کو وہ پسند نہیں کرتے اس کے سخت خلاف ہو جاتے۔ خالد بن ولید، صلاح الدین ایوبی اور ارتغرل، مرحوم کے پسندیدہ ہیروز تھے، اس لئے قوم کے نوجوانوں سے بالکل مایوس ہو گئے۔ کیونکہ ان کا کہنا تھا کہ اب ویسے مجاہدین پیدا ہو ہی نہیں سکتے۔ وہ نوجوانوں سے کہتے کہ دشمن سے مقابلے کے لئے گھروں سے نکلنے کی ہمت پیدا کرو، اسی لئے انہوں نے اپنے بیٹوں اور دامادوں کو سعودی عرب، امریکہ اور کینیڈا بھیج دیا تھا۔

مرحوم نہ داڑھی کے قائل تھے اور نہ کسی مسلک کے۔ ریٹائرمنٹ کے بعد لیکن قائل ہو گئے، اور ایسی داڑھی چھوڑی کہ چہرے پر داڑھی کی ساری عمر کی کمی کا کفارہ ہو گیا۔ اسی لئے انہیں مسجد کی کمیٹی کا ممبر بنا دیا گیا۔ پولیس ہر بار فساد سے پہلے فسادیوں کا ساتھ دیتی، فساد کے بعد امن کمیٹی قائم کرنے ان کو ساتھ لیتی۔ مسلک پر سختی سے جم گئے، مگر چونکہ عربی سے ناواقف اور اردو میں کمزور تھے، کبھی کسی زیارت یا چہلم میں قرآن تھوڑی بہت پڑھ لیتے لیکن معنی یا مطالب سے نہ واقفیت تھی اور نہ کوئی واسطہ، اس لئے اپنے مسلک کے مولویوں یا مشائخین پر مکمل ایمان رکھتے تھے۔

وہ جو کہیں اسی دین پر چلنا عین اسلام سمجھتے تھے۔ جہاں بھی تین پاروں یا پانچ پاروں کی تراویح ہوتی، یہ قرآن مکمل سن کر قرآن سے فراغت حاصل کر لیتے تھے۔ افطار کے بہت شوقین تھے۔ کہتے تھے کہ یہ مہینہ سال میں ایک بار آتا ہے اور کھانے کے لئے آتا ہے۔ دعوتیں قبول کرنے کے بہت شوقین تھے۔ مرحوم کو عمرے کرنے کا بہت شوق تھا۔ کسی عمرے پر دو تین لاکھ سے کم خرچ نہیں ہوتے۔

ویمنس رائٹس یعنی عورتوں کے حقوق کے بہت قائل تھے۔ بیوی کو مشورہ ضرور دیتے لیکن فیصلے کا حق ہمیشہ بیوی ہی کو دیتے۔ دوسری شادی ان کے مذاق کا خاص موضوع تھا لیکن کرنے کی کبھی ہمت نہ کر سکے۔ مقامی لیڈرز، سیلیبریٹیز، سفیر یا قونصل کے ساتھ کسی نہ کسی موقع پر تصویر کھنچوانے اور فیس بک پر ڈالنے کے بہت شوقین تھے۔

چونکہ ان کے پاس کثرت سے واٹس اپ پیغامات آتے تھے، ان تمام کو پڑھنا ممکن نہیں تھا، اس لئے پہلے ان تمام پوسٹس کو فارورڈ کر دیتے۔ سنجیدہ پوسٹس سے انہیں نیند آ جاتی تھی، اس لئے ٹک ٹاک، ریلس اور انسٹگرام دیکھنا بھی سیکھ گئے تھے، مگر اذان کے وقت پاز (pause) کر دیا کرتے تھے۔ کشور کمار اور لتا کے گانے سن کر اور امیتابھ اور

دھرمیندر کی فلمیں دیکھ کر جوانی گزاری، لیکن محمد رفیع اور دلیپ کمار سے عقیدت رکھتے تھے۔ اردو سے بے حد محبت رکھتے تھے۔ اس لئے اکثر اپنے ذاتی اشعار سناتے۔ اردو کا کوئی رسالہ یا کتاب خرید کر پڑھنے کے قائل نہیں تھے، کہتے تھے کہ ادب تو غالب اور اقبال کے پاس تھا، اب کہاں۔

مرحوم خوش گفتار انسان تھے، اور قطع کلامی کے بے انتہا شوقین تھے۔ اتنے ذہین تھے کہ مخاطب کے بات شروع کرنے سے پہلے ہی پوری بات سمجھ جاتے اور "میں سمجھ گیا، میں سمجھ گیا" کہہ کر بیچ بیچ میں بول پڑتے۔ مرحوم نے کبھی کسی کی ٹانگ نہیں کھینچی، البتہ ٹانگ کھینچنے والوں کی اخلاقاً تائید کرتے تھے۔ اہم میٹنگس میں جب بھی مرحوم کو دعوت دی جاتی، وہ انتہائی گرمجوشی سے وعدہ بھی کرتے اور ارادہ بھی، لیکن بدقسمتی سے ٹھیک اسی دن اور اسی وقت گھر کا کوئی نہ کوئی کام ایسا نکل آتا کہ میٹنگ کو کنارے کر دیتے۔

بہرحال، بہت سی خوبیاں تھیں مرنے والے میں۔ اللہ تعالیٰ ان کی مغفرت فرمائے۔ نمازِ جنازہ کل بعد ظہر آپ ہی کے محلے کی مسجد میں ہوگی۔ ان کا تعلق ہر محلّے، ہر شہر اور ہر خاندان سے ہے۔ اگر آپ ان کا پورا نام جانتے ہیں تو ہمیں مطلع فرمائیں۔

A sad demise. Humorous Light-Essay by: Dr. Aleem Khan Falaki

***

۵

غیبت سوسائٹی

نسیمہ تراب الحسن

آپ کو یہ سن کر حیرت ہوگی کہ ہماری ایک غیبت سوسائٹی ہے جس میں ہم لوگ اپنے رشتے داروں، دوستوں اور ملنے والوں کی حرکات و سکنات کے بارے میں اظہار خیال کرتے ہیں۔ ظاہر ہے کہ تعریف یا اچھائیاں تو مقابل بیٹھ کر کرنے سے ہی سننے والے کو خوش کر دیتی ہیں۔ لیکن اگر ہم کسی کے طرز تکلم پر یا ان کے عادات و اطوار پر اعتراض کریں تو صاحب موصوف کے چہرے کا رنگ بدل جاتا ہے اور بفرض محال وہ آپ کی باتوں کا منہ توڑ جواب نہ دیں جو ان کی انسانیت کو ظاہر کرے گا، لیکن اس میں شک نہیں کہ مستقبل میں وہ آپ سے ملنے سے کترانے لگیں گے اور اگر رشتے ناطے کی ایسی ڈور آپ کے بیچ ہے کہ میل ملاقات قطع نہیں کی جا سکتی تو بادل نخواستہ آداب سلام کی رواداری کا سلسلہ بنا رہے گا۔ آپسی محبت و خلوص آپ کی کڑوی سچائی کے زہر میں گھل جائے گا۔ یہی وہ بنیاد ہے جس نے ہم کو نیبت سوسائٹی بنانے کی ترغیب دی۔

یہ تو انسانی فطرت ہے کہ دنیا میں، چاہے دینوی معاملہ ہو یا دنیاوی سب کا ہم خیال ہونا ضروری نہیں۔ ہر فرد کسی بھی مسئلے پر جداگانہ طریقے سے غور کرتا ہے۔ ہو سکتا ہے کہ دونوں اپنی اپنی جگہ ٹھیک ہوں لیکن ظاہر ہے کہ ہر ایک اپنی بات کو صحیح تصور کرتا

ہے اور دوسروں سے منوانا چاہتا ہے۔ یہ بھی لازمی ہے کہ جس دلیل پر اختلاف رائے ہو یا ہم اوروں کو اپنی رائے سے متفق کرنا چاہیں تو ناخوشگوار حالات پیدا ہو جاتے ہیں۔

بات چاہے تیری با سہولت سے کی جائے۔ ادب سے کی جائے آپ کے مخالف اس اعتراض کو غلط اور مضر سمجھ کر اس کی مزاحمت کرتے ہیں۔ چونکہ انہیں اپنی بات اور اپنے افعال پر یقین کامل رہتا ہے وہ آپ کی بات ماننے کے لئے کسی صورت تیار ہیں ہوتے۔

پہلے زمانے میں جب چھوٹے بڑے کا لحاظ تھا، رشتے ناطوں کا دلوں میں احترام تھا تو ایسی صورت میں سننے والے ادباً خاموشی اختیار کر لیتے لیکن آج کل پاس و لحاظ کی فرسودہ رسم ناپید ہو گئی ہے۔ ادھر آپ نے کچھ کہا ادھر فوراً جواب حاضر۔ آپ ٹھہرے دقیانوسی۔ خلاف توقع جواب سن کر ششدر رہ جاتے ہیں۔ ایک لمحہ کے لئے دل کہتا ہے کہ بیکار ہی کچھ کہا۔ کاش پہلے خیال آ جاتا تو ایسا جواب نہ سننا پڑتا مگر اب تو فضا مکدر ہو چکی ہوتی ہے۔ خاموشی حالات بگڑنے کو روک سکتی ہے ورنہ شکوہ جواب شکوہ کا سلسلہ چل سکتا ہے۔

بس ان باتوں سے دل و دماغ میں کھچڑی پکنے لگی اور طے پایا کہ چند ہم خیال لوگ جن پر بھروسہ کیا جا سکتا ہے ایک چھتری کے نیچے جمع ہو کر ایسے مسئلوں پر بات چیت کر لیا کریں جو عام طور پر کچھ لوگوں کے لئے رنجش کا سبب بن جاتے ہیں، اگر یہی باتیں ان افراد سے دور الگ بیٹھ کر کی جائیں جن سے یہ سب قصے کہانیاں تعلق رکھتی ہیں تو انھیں تکلیف ہونے کا سوال ہی پیدا نہیں ہوتا۔

اب یہ منطق کہ ایسی باتیں ہی کیوں کی جائیں جس سے دوسروں کے جذبات مجروح ہوں؟ یوں تو مذہب کی رو سے کسی کی برائی کرنا گناہ مانا جاتا ہے مگر مذہب کی ہر

بات سمجھ میں نہیں آتی۔ جیسے اس کو لیجیے کہ غیبت کرنا برا ہی نہیں بلکہ گناہ ہے اور دوسری طرف کسی کا دل دکھانے سے بھی منع کیا گیا ہے لیکن اگر کوئی سفید کو سفید اور کالے کو کالا ماننے کے لئے تیار نہیں تو کیا کیا جا سکتا ہے؟

آدھا دروازہ کھلا ہے اور آدھا دروازہ بند ہے پر بحث کرنے کے بجائے زیادہ اچھا ہے کہ ہم بعد میں بات کر لیں کہ فلاں شخص کو الٹی بحث کی عادت ہے۔ لیجیے ایک طرف آپ نے کسی کا دل دکھانے سے اپنے آپ کو باز رکھا تو دوسری طرف غیبت کے زمرے میں داخل ہو گئے۔

اب آج کل کے مذہبی رہنماؤں کے پاس وقت کہاں جو ان معمولی باتوں پر روشنی ڈالیں، یہ تو آپ کو خود سوچنا چاہیے کہ کون سا گناہ زیادہ مسائل پیدا کرتا ہے۔ چنانچہ ہماری دانست میں غیبت کرنے میں زیادہ فائدے ہیں۔ مخالف پارٹی کا دل دکھنے سے بچ جاتا ہے۔ آپ کی ان سے راہ ورسم بنی رہتی ہے۔ اور آپ اپنے دل کا غبار نکال کر ہلکے ہو جاتے ہیں۔ اس کی مثالیں ہم کو روزمرہ زندگی میں آسانی سے دکھائی دیتی ہیں۔

لیجیے مصلحت میرا دامن تھام رہی ہے کہ کہیں میں مثالیں دوں اور پڑھنے والے دل پر لے کر برا مان جائیں۔ ارے بھائی میرا مقصد ہرگز کسی کی برائی طشت از بام کرنا نہیں، صرف اپنی بات سمجھانے کے لئے لکھ رہی ہوں کہ جیسے کسی کو چپڑ چپڑ کر کے کھانے کی عادت ہوتی ہے، ساتھ کھانے والے بے چین کہ کیا میوزک بج رہی ہے۔ برا ماننے کے خیال سے کہہ بھی نہیں سکتے کہ پلیز منہ بند کر کے کھائیں آواز نہیں آتی۔ اور اگر ہمت کر کے آپ کہہ بھی دیں یا شال میں لپیٹ کر اظہار کریں تو وہ اپنی برسوں پرانی عادت کو کیسے چھوڑ سکتے ہیں؟ لیجیے "بات بھی کھوئی التجا کر کے" والا معاملہ ہو گیا۔

اسی طرح بعض لوگوں کو اپنی اولاد کی بدتہذیبی کا احساس نہیں رہتا لیکن دوسرے

کے بچوں کی ہر حرکت قابل اعتراض دکھائی دیتی ہے۔ ایسے میں اگر آپ کہہ دیں کہ خود آپ کے بچے بھی تو ایسا کرتے ہیں تو بس قیامت کی گھڑی آجاتی ہے۔ بات کا بتنگڑ بن جاتا ہے۔

اسی لئے تو غیبت سوسائٹی کا سہارا بہت غنیمت رہتا ہے۔ یہاں آپ کسی سے متعلق اظہار رائے کرتے ہیں اس پر شریک محفل اپنے خیالات کی روشنی میں تبصرہ کرتے ہیں۔ مانا کہ نتیجہ کچھ نہ نکلے لیکن دلوں کو سکون مل جاتا ہے۔ ادھر وہ خوش ادھر ہم اور کسی طرح بدمزگی نہیں ہوتی۔

مجھے یاد آیا کہ ایک بار ہماری غیبت سوسائٹی سے انحراف کرتے ہوئے ایک صاحب کہنے لگے کہ غیبت اور جھوٹ گناہ ہے۔ لوگوں کی خوشی کے لئے دونوں کا سہارا غلط ہے۔ ہم نے سمجھایا کہ ان دونوں کو مصلحت کے تحت اپنایا جائے تو حالات خوشگوار رہتے ہیں۔ اگر ہماری بات صحیح نہیں سمجھتے ہیں تو آزما کر دیکھ لیجئے تو جناب انہوں نے دل میں ٹھان لی کہ ایک دن صبح سے شام تک میں سچ اور صاف گوئی سے کام لے کر دیکھوں گا۔

صبح ہوئی بیوی مسکراتی چائے لے کر آئی، انہوں نے ایک گھونٹ لیا ہو گا کہ اس نے اٹھلا کر پوچھا: "اچھی ہے نا؟"

اور انہوں نے منہ بنا کر کہا: بالکل بیکار، گرم پانی کی طرح۔

بیوی کا چہرہ اتر گیا اس کی خدمت گزاری پر اوس پڑ گئی اور وہ وہاں سے چلی گئی۔

پھر یہ صاحب دفتر پہنچے۔ اپنے سینئر آفیسر سے مڈبھیڑ ہوئی، صاحب سلامت کے بعد انہوں نے اپنی ٹائی کے متعلق پوچھا کیسی ہے؟ انہوں نے کہا کوئی خاص نہیں، آپ کی شرٹ پر تو مناسب نہیں لگتی۔ وہ اپنی ڈریسنگ کی دھجیاں اڑتے دیکھ کر ٹھنڈے پڑ گئے مگر

تمام دن ان صاحب کے ساتھ گرما گرمی کا برتاؤ جاری رکھا۔

ابھی دن گزرنے میں بہت وقت باقی تھا مگر ان کے ارادے اٹل کہ جو کہوں گا سچ کہوں گا اور منہ پر کہوں گا۔ کھانے کا وقت آ گیا۔ روز کی طرح سب اکھٹے ہوئے اور ایک ساتھی نے جو خود توشہ نہیں لایا تھا ان کی خاطر شروع کی تو یہ بول اٹھے: خوب جناب، حلوائی کی دکان پر داداجی کی فاتحہ؟ اور وہ جو محبت سے ان کا خیال کر رہا تھا یکدم خاموش ہو گیا۔ اسی طرح گھر واپس آنے تک مختلف ملنے والوں سے ان کے کام کے بارے میں گل فشانی رہی۔ شام کو اسے احساس ہوا کہ اس کے اطراف اترے چہرے یا خفگی بھرا ماحول چھایا ہے، تب ہی اس کو احساس ہوا کہ کسی کے سامنے اس پر اعتراض سے کشیدگی یا بدمزگی ہی پیدا ہوتی ہے۔ چنانچہ اگر ہم غیبت کے بنیادی نکتوں پر غور کریں تو معلوم ہو گا کہ وہ ہم خیال لوگوں کو ایک دوسرے کے قریب لاتی ہے۔ گفتگو میں لطف پیدا کرتی ہے۔ اور اس کا سلسلہ طویل ہوتا ہے۔

غیبت سے بھی ہوتا ہے کہ کسی کے کردار پر اظہار خیال کرتے ہوئے وہ ایک دوسرے کے قریب ہو جاتے ہیں۔ ایک اور بات غیبت کرنے میں یہ ہے کہ انسان میں شعوری یا غیر شعوری طور پر اپنا جائزہ لینے اور اپنے آپ کو اچھا ثابت کرنے کا جذبہ جاگ اٹھتا ہے۔ میرا مقصد یہ ہے کہ جب آپ دوسروں کی بری باتوں کا ذکر کرتے ہیں یا بالفاظ دیگر ان کی خصلت، ان کے طور طریقہ اور ان کے برتاؤ پر تنقید کرتے ہیں تو ڈھکے چھپے طریقے سے یہ واضح کرتے ہیں کہ وہ برائیاں آپ کی شخصیت میں نہیں۔ اتفاقاً اگر دوسروں کی کچھ قابل اعتراض باتیں جنہیں غیبت سوسائٹی میں زیر بحث رکھا گیا ہو، اپنے حالات سے ملتی جلتی دکھائی دیتی ہیں، تو اس سوسائٹی کے ممبران سے کنارہ کشی اختیار کر لیتے ہیں کیونکہ شیشے کے گھروں میں رہنے والے دوسروں پر پتھر نہیں پھینک سکتے۔

کیوں کیا خیال ہے آپ کا؟

Gheebat (Backbiting) Society. Satiric Essay by: Nasima TurabulHasan

***

۶

خود نمائی

عذرا نقوی

اس موضوع پر لکھنے کے لیے قلم اُٹھایا بلکہ یوں کہئیے کہ لیپ ٹاپ کھولا تو کہیں سے آواز آئی:

"کہو کہ میں خدا کو حاضر ناظر جان کے کہتی ہوں کہ سچ کہوں گی سچ کے سوا کچھ نہیں کہوں گی۔"

کیا خود نمائی کے مرض میں تم خود کبھی مبتلا نہیں ہوئیں؟ یہ میری ہمزاد مجھ سے پوچھ رہی تھی۔ میں نے کہا:

"ہر ایک کی فطری خواہش ہوتی ہے کہ وہ نمایاں ہو، اس کی صلاحیتوں، ہنر، فن، محنت و ریاضت کی تصدیق اور توثیق ہو، اس کی ایک شناخت بنے۔ یہ خود نمائی تو نہیں؟ یہ تو انسان کی سرشت میں ہے، اس طرح ہمارا حوصلہ بڑھتا ہے، اور کارِ جہاں میں ہم شوق سے شامل رہتے ہیں۔ ایک عام آدمی اتنا بے نیاز تو ہو نہیں سکتا وہ یہ کہہ سکے کہ 'نہ ستائش کی تمنا نہ صلے کی پرواہ' اور میں بھی اللہ کی ایک عام سی بندی ہوں۔"

"ٹھیک ہے، ٹھیک ہے" میری ہمزاد کچھ مطمئن سی ہو گئی اور کہیں گھومنے چلی گئی۔۔

خود نمائی سے میری پرانی جان پہچان ہے۔ کبھی یہ کالا چشمہ لگائے اونچی ایڑی کا سینڈل پہنے، پرس جھلاتی خاتون کے روپ میں کسی نام نہاد فلاحی تنظیم کا افتتاح کرتی نظر آتی ہے، تو کبھی شیروانی یا سوٹ پہنے کسی محفل کے مسندِ صدرات پر متمکن ہوتی ہے، تو کبھی جگمگاتے شادی ہالوں میں مہمانوں کا استقبال کرتی ہوئی ملتی ہے۔ کبھی اسے وزیروں، بڑے افسروں مشہور ہستیوں کے ہمراہ چپکے ہوئے، ریشہ خطمی ہوتے ہوئے لوگوں کی شکل میں دیکھا ہے۔

وہ ہمزاد پھر نمودار ہو گئی بولی :

"اچھا سوال یہ پیدا ہوتا ہے کہ اگر کوئی خود نمائی کر رہا ہے تو تمھیں کیا پریشانی ہے؟"

میں نے کہا" پریشانی ہے ہمیں، ایک تو ان لوگوں کو دیکھ کر کوفت ہوتی ہے جی جلتا ہے۔"

ہمزاد نے سمجھایا:

"بس مسکرا کر تماشہ دیکھتی رہا کرو خود نمائیوں کا اور غالب کا شعر پڑھا کرو:

بازیچۂ اطفال ہے دنیا مرے آگے
ہوتا ہے شب و روز تماشا میرے آگے۔"

میں نے غصے سے کہا:

"مذاق کی بات نہیں ہے! پریشانی ہمیں ہی نہیں سارے سماج کو ہے۔ یہ خود نمائی کے شکار لوگ اکثر اصل حق داروں کو دھکا دیتے ہوئے آگے بڑھ جاتے ہیں۔ آج کل میڈیا کا راج ہے اور خود نمائی کی تشہیر ہونے میں بھی کچھ دیر نہیں لگتی۔ اس سے ہماری اعلیٰ سماجی اور ادبی اقدار پامال ہوتی رہتی ہیں۔ بچپن سے ہمیں انکساری کا سبق پڑھایا گیا

تھا، کیسی کیسی باتیں سکھائی گئی تھیں۔ "کم ظرف ہے خالی ہے صدا دیتا ہے" یا "ادھ بھر گگری چھلکی جائے" وغیرہ وغیرہ۔ مگر جناب وہ زمانے لد گئے جب کہا جاتا تھا کہ خاموشی سے کام کیے جاؤ کامیابی خود تمہارے پاؤں چومے گی، اپنا ڈھول خود پیٹنے کی ضرورت نہیں ہے۔ زمانے نے تو مجھے یہ سکھایا ہے کہ اگر آپ زیادہ کسر نفسی سے کام لیں گے تو لوگ آپ کے کندھوں پر پاؤں رکھ کر اپنا قد بڑھا لیں گے۔ آپ کے کام کا کریڈٹ کوئی اپنی خود نمائی کے اوچھے ہنر سے لے بھاگے گا اور آپ منہ تکتے رہ جائیں گے۔"

ہمزاد نے ایک شعر داغا

قد ہر اک بونے کا مجھ سے بھی بڑا ہو جائے گا
جب میرے کاندھوں پہ وہ سیدھا کھڑا ہو جائے گا

"آؤ میرے ساتھ" میں نے ہمزاد کا ہاتھ پکڑ کر کہا "چلو چل کر خود نمائیوں کے ڈرامے دیکھتے ہیں۔"

یہ دیکھو ایک خاتون ہیں: گھر سے آسودہ حال، ہر محفل میں نمایاں رہنے کے لیے بے حال، گپ مارنے میں باکمال، چلی آ رہی ہیں مورنی کی سی چال، پوچھو کہ کہاں سے آ رہی ہیں کہاں جا رہی ہیں؟ وہ کسی فائیو اسٹار ہوٹل میں امریکن اور یوروپین خواتین کے ساتھ کٹی (kitty) پارٹی سے آ رہی ہوں گی اور کسی شہزادی کے ساتھ کسی فلاحی پراجکٹ کی میٹنگ میں جا رہی ہوں گی۔ بہت جلد ان کا انٹرویو ایک انگریزی اخبار کے ایڈیٹر بذاتِ خود لینے والے ہیں۔ یہ اطلاع وہ آپ کو یوں ہی سرسری سے انداز میں دیں گی اور پھر اپنے ڈرائیور کو زور سے آواز دیں گی کہ بڑی والی نہیں چھوٹی والی گاڑی تیار رکھے، وہ ابھی بال سٹ کرانے جائیں گی۔"

ہمزاد نے کہا "میں روؤں یا ہنسوں؟"

ان سے ملو: ان کی تصویر آپ نے اخباروں میں اکثر دیکھی ہو گی، مشاعروں، غزل کے پروگراموں میں بہت معتبر بنے بیٹھے ہوتے ہیں، گھر میں شاید ہی کوئی اردو کی کتاب ہو۔ اردو کا اخبار پڑھنا کسرِ شان سمجھتے ہیں۔ بس تب ہی اردو کا اخبار دیکھتے ہیں جب ان کے زیر اہتمام کسی محفل کا ذکر ہو یا وہ کسی محفل کے صدر ہوں۔ اساتذہ کے کلام سے کوئی واقفیت نہیں، کلاسیکی ادب کیا ہے کچھ معلوم نہیں۔ ہند و پاک کے بہت سے ادیبوں کے ساتھ تصاویر کھنچوا کے ضرور رکھ لی ہیں۔ بڑی پوسٹ پر ہیں، ادب کے لیے ریال خرچ کرنے میں کوئی قباحت نہیں۔ کسی محفل کی اگر صدر نہ ہوں تو پوری کوشش ہو گی کہ آگے کی صف میں ہی بیٹھیں۔۔ ان کے ساتھ ہی وہ صاحب بھی کھڑے ہیں جنھوں نے ایک آدھ کتاب، بہت چمکتی جلد کے ساتھ چھپوا لی ہے۔ فرمائشیں کر کے ستائشی مضامین لکھوائے جاتے ہیں، جگہ جگہ شاندار دعوتوں کے ساتھ اس کا اجرا کرایا جاتا ہے۔

میری ہمزاد نے یاد دلایا:

"پہلے ہوا یہ کرتا تھا کہ کچھ ادبی رسائل ہوتے تھے جن میں صرف معیاری کلام اور تخلیقات ہی شائع کی جاتی تھیں، قاری اور نقاد ان کے ادبی معیار کا تعین کرتے تھے۔ اب تو ہر چیز کاروبار ہو گیا ہے۔ کاروباری رسائل ہیں، بہت سے ٹی وی چینل ہیں۔ ادب، فن اور موسیقی کا بازار گرم ہے جس میں کاتا اور لے دوڑی والا معاملہ ہے۔ کہاں کی ریاضت کہاں کی محنت۔۔

اب تو گویا خود اپنی ویب سائٹ بنائی جاتی ہے۔"

ان صاحبہ سے ملو: فیشن کے طور پر کئی فلاحی تنظیموں کی ممبر ہیں، فلاح کے نام پر صرف خانہ پُری کرنا، پروگراموں میں افتتاح کے ربن کاٹنا، غریب محلوں میں کبھی کبھار، شفون کی ساری پہن کر جانا، فوٹو کھنچوانا ان کا مشغلہ ہے۔ اس طرح کے لوگوں کو دیکھ کر

ان ہم ان سچے اور بے لوث خدمت گاروں کو بھی شک کی نگاہ سے دیکھنے لگتے ہیں جو خاموشی سے اپنے طور پر فلاحی کام کرتے رہتے ہیں۔

ہمزاد نے مجھے یاد دلایا:

"مال و زر اور خود نمائی کا تو چولی دامن کا ساتھ ہے۔ شادیوں میں اور دوسری تقاریب میں اپنی امارت کا نمائش کے بارے میں کیا خیال ہے؟

میں نے دکھ سے کہا:

"ان کا تو ہم کچھ نہیں کر سکتے ان کا ظرف ہے کہ اپنے مال وزر کا کیسے استعمال کریں مگر مشکل میں وہ لوگ آجاتے ہیں جو امرائی کی صف شامل ہونے کے شوق اور مرضِ خود نمائی میں اپنی حیثیت سے زیادہ خرچ کرنے لگتے ہیں۔ یہ خود نمائی ہی تو ہے جو بہت سی معاشرتی اور سماجی برائیوں کی جڑ ہے۔"

یہ تو سب ٹھیک ہے مگر ہم اس صورتِ حال میں کریں کیا؟۔ ہمزاد نے پوچھا۔۔

میں نے کہا"خود نمائی پر انگشت نمائی کی جائے اور کیا؟"

Khud Numayi (Self-dramatization). Humorous Essay by: Azra Naqvi

***

۷

سوکن

فاطمہ عالم علی

فاطمہ عالم علی (پ: ۱۶/نومبر ۱۹۲۳، مرادآباد - م: ۴/مئی ۲۰۲۰، حیدرآباد) حیدرآباد دکن کی ادبی دنیا کی معروف و مقبول شخصیت تھیں۔ وہ اردو کے ممتاز ناول نگار، افسانہ نگار، ادیب، نقاد، ڈرامانویس، انشائیہ نگار، شاعر و مترجم قاضی عبدالغفار کی دختر تھیں۔

فاطمہ عالم علی کے مضامین انشاپردازی کی شگفتگی کے علاوہ طنز و مزاح کی چاشنی لئے ہوئے ہیں۔ انہوں نے روزمرہ زندگی میں رونما ہونے والی سماج کی بہت سی برائیوں کی نشان دہی کی ہے اور اصلاح کی کوشش کی ہے۔ زبان سادہ و سلیس ہے اسی لئے ان کی تحریروں میں زیادہ شگفتگی اور برجستگی ہے جو اپنے اندر لطف و انبساط کے وافر خزانے چھپائے ہوئے ہے۔ فاطمہ عالم علی کے مزاج کے تعلق سے ممتاز مزاح نگار یوسف ناظم نے یوں رائے دی تھی:

"مصنفہ کے مزاج اور مراح میں صرف ایک نقطے کا فرق ہے، ان کی خوش طبعی اور شگفتہ تحریر نے مضامین کو انار بنا دیا ہے، وہ انار نہیں جس کا شربت پیا جاتا ہے بلکہ وہ انار جس سے روشنیاں پھوٹتی ہیں۔"

پروفیسر حبیب ضیا کی مرتب کردہ کتاب "حیدرآباد کی مزاح نگار خواتین (تذکرہ)" میں فاطمہ عالم علی کا تحریر کردہ مختصر سوانحی مضمون جو شائع ہوا تھا، وہ یہاں پیش خدمت ہے۔ اس کے علاوہ ان کی تصنیف "یادش بخیر" سے ایک انشائیہ "سوکن" بھی پیش کیا جا رہا ہے۔

طویل عمر کی مختصر کہانی، تعارف از: فاطمہ عالم علی

میں فاطمہ عالم علی ہوں، قاضی محمد عبدالغفار مرحوم اور افضال بیگم یعنی بیگماں مرحومہ کی بیٹی، یہ وہی قاضی صاحب ہیں جو صحافی تھے، ادیب تھے، سوانح نگار تھے، مولانا محمد علی جوہر کے اخبار "ہمدرد" سے صحافت کا آغاز کیا۔ مولانا محمد علی جوہر کو صحافت میں اپنا گرو مانتے تھے۔ والد مرحوم صاحب طرز ادیب مانے جاتے تھے۔ لیکن یہ کیا ضروری ہے کہ بیٹی بھی باپ کے نقش قدم پر چلے؟ ہم پر جو لکھنے کی تہمت لگائی جاتی ہے یہ ابّا کے دوستوں اور چاہنے والوں کی سازش ہے، اس میں پروفیسر زینت ساجدہ کا بڑا ہاتھ ہے!!

تعلیم مرادآباد سے شروع ہو کر لکھنؤ اور پھر حیدرآباد تک قسطوں میں جاری رہی، اسی لئے پڑھنا لکھنا تو آ گیا قابلیت صفر رہی۔ طبیعت میں شوخی اور چھل نچلا نہ بیٹھنے دیتی۔ نئی نئی شرارتیں ایجاد کرتی، سزائیں پاتی۔ مسلم گرلس ہائی اسکول جو اب کرامت حسین گرلز کالج ہے، وہاں بورڈنگ ہاؤس تھا۔ میں نے پہلا مضمون "میرا بورڈنگ ہاؤس" اسکول میگزین کے لئے لکھا تھا۔ اسکول کے ڈراموں میں مزاحیہ کردار ادا کرتی رہی۔ اپنے والد کے پاس حیدرآباد آ گئی تو ویمنس کالج میں داخلہ لے لیا۔ بیگم زین یار جنگ (رقیہ بیگم) پرنسپل تھیں، محترمہ جہاں بانو نقوی صاحبہ اردو پڑھاتی تھیں۔ ایک مرتبہ انہوں نے عنوان "رکشا والا" دیا مضمون لکھنے کے لئے۔ میں نے اس عنوان پر افسانہ لکھا، انہوں نے رسالہ "شہاب" میں چھپوا دیا۔ پرچہ میرے نام آیا، کھول کر دیکھا تو "رکشا والا" دیکھ کر اس وقت جو خوشی ہوئی نا قابل بیان ہے۔

میں نے جب بھی لکھا فرمائش پر لکھا خود اپنی طرف سے کچھ لکھنے کی کبھی توفیق نہیں ہوئی۔ مزاح نگاری اور خاکہ نگاری میری پسند رہی۔ ضرورتمندوں کے لئے میرا دل بے چین ہو جاتا ہے۔ خاص کر غریب عورتیں اور بچے میری توجہ کا مرکز رہے۔ اسی لئے میں NFIW میں شریک ہوگئی۔ مجھ سے کسی کا کچھ بھلا ہوا یا نہیں البتہ عورتوں کی زندگی اور ان پر ہونے والے مظالم کا مجھے اندازہ ہوا۔ مرد اتنا ظالم ہو سکتا ہے، پتہ چلا۔

چند سال اردو مجلس کی معتمد رہی، محترم جانکی پرشاد صاحب مرحوم اس کے صدر تھے۔ تقریباً ۱۲سال "محفل خواتین" کی معتمد رہی، محترمہ عظمت عبدالقیوم اس محفل کی بانی بھی تھیں صدر بھی رہیں۔ میں ۱۹۹۳ء میں اس سے سبکدوش ہوگئی۔

انجمن ترقی پسند مصنفین کی نائب صدر رہی۔ انجمن ترقی اردو کی عاملہ کی رکن ہوں۔ معظم جاہی گرلز ہائی اسکول کی کمیٹی ممبر ہوں، ادارہ ادبیات اردو کی عاملہ کی رکن اور شعبہ خواتین ادارہ ادبیات اردو کی صدر ہوں۔ اتنی انجمنوں سے وابستہ ہونا الگ بات ہے اور کچھ کر دکھانا الگ بات۔ تو جناب معاملہ یہ ہے کہ: خوان بڑا خوان پوش بڑا کھول کے دیکھو تو ادھا بڑا!!!

میں ۱۶/نومبر ۱۹۲۳ء کو مراد آباد میں پیدا ہوئی، معلوم نہیں کہ اللہ کی کیا مصلحت تھی کہ ٹھیک دسویں دن یعنی ۲۶/نومبر ۱۹۲۳ء کو ہماری ماں، بچی کو اپنے بھائی بہن کے حوالے کر ۲۸ سال کی عمر میں مالک حقیقی سے جا ملیں، رہے نام اللہ کا۔ میں اپنے ماموں سر محمد یعقوب کے پاس رہی۔ ماموں میاں ۱۹۴۰ء میں بحیثیت مشیر اصلاحات حیدرآباد آئے اور ۱۹۴۲ء اکتوبر میں وفات پائی، خطۂ صالحین میں دفن ہوئے۔ اس طرح میں نے اپنے والد کے گھر دوبارہ جنم لیا۔ جنہوں نے ہماری پرورش میں دکھ جھیلے ان کا نام کوئی نہیں جانتا، قاضی صاحب کی بیٹی سے ہماری پہچان بنی۔ کسی نے ٹھیک کہا تھا کہ ہاتھی پھرے گاؤں گاؤں جس کا ہاتھی اس کا ناؤں۔ "یادش بخیر" از فاطم عالم علی پڑھئے، سارا کچا چٹھا سامنے آجائے

گا۔ ہر روز کچھ سوچئے۔ مرتبہ فاطمہ عالم علی پڑھ کر دیکھئے شاید کوئی بات دل میں اتر جائے۔

سوکن

نہیں صاحب! ناممکن اور قطعی ناممکن!

ہماری ان کی نہ کبھی بنی ہے نہ بنے گی۔ یہ جھگڑا تو زندگی کے ساتھ ہے اگر ختم ہونے والا ہوتا تو کب کا ختم ہو گیا ہوتا۔ ارمان رہ گیا کہ کبھی ہم سے سیدھے منہ بات کر لی ہوتی یا کم از کم ہماری طرف پیار سے دیکھ ہی لیا ہوتا۔ وہاں تو حال یہ ہے کہ جب دیکھو منہ پھلائے روٹھی کھڑی ہیں۔ اگر کان میں بھنک بھی پڑ جائے کہ ہم نے میاں کے ساتھ کہیں جانے کا ارادہ کیا ہے تو پھر دیکھئے ہماری راہ میں رکاوٹ ڈالنے کے کیسے کیسے ڈھنگ اختیار کئے جاتے ہیں۔ خدا کی قسم ہر ایک کو دل میں بٹھاتی ہیں۔ سنی سنائی نہیں اپنی آنکھوں سے ان کا پیار دیکھا ہے، بلکہ یوں سمجھئے کہ ہم کو دکھا دکھا کر پیار کیا جاتا ہے گویا ہم کو جلانے کے سامان کئے جاتے ہیں۔ خدا نہ کرے کہیں ہم سامنے آجائیں تو پھر تماشا دیکھئے کلیجے میں ایسی آگ لگتی ہے کہ منہ سے دھواں اگلنے لگتی ہیں۔ جہاں کھڑی ہوں گی چپک کر رہ جائیں گی، کیا مجال جو ایک قدم بھی ہماری طرف بڑھ جائیں۔ اگر کوئی صلح صفائی کی کوشش کرے تو ایسا طمانچہ رسید کریں کہ چھٹی کا دودھ یاد آجائے، ان کے نخرے خدا کی پناہ!

یوں تو ہمارے شوہر نامدار ایک نہیں کئی لائے اور لاتے ہی رہتے ہیں۔ ارے صاحب یہ ان کا محبوب مشغلہ ہے یعنی کہ Hobby ہابی ہے اب یہ گلہ ہی بیکار ہے کہ وہ کیوں لاتے ہیں اور پھر ان کی اس Hobby سے ہمیں کبھی تکلیف بھی تو نہیں پہونچی۔ ان آنے والیوں میں ایک سے ایک حسین بھی رہیں۔ جوان، ادھیڑ اور بوڑھی بھی شامل ہیں۔ غرض ان آنے والیوں میں ہر قسم اور ہر ذات کی آتی رہیں اور جاتی رہیں۔ ان کے

دنیا بھر کے چونچلے ہوئے مگر کیا مجال کہ ہم سے چوں بھی کی ہو۔ لہذا ہم اپنی جگہ مگن رہے اور اب جو یہ بسورتی صورت آئی ہیں تو اللہ نے چاہا تو ایک نہ ایک دن ان کا بھی بوریا بستر سمٹ ہی جائے گا مگر کب؟ یہ اللہ بہتر جانتا ہے!

غرض پہلی والیوں نے جیسا جی خوش رکھا یہ کم بخت توڑ ثابت ہوئی اور غضب یہ ہوا کہ میاں کو جو حسن ان میں نظر آیا وہ پہلے کسی میں نظر نہ آیا تھا۔ نگوڑی کی کچھ شکل بھی ہو، آئے ہے کوئی چیز اپنی جگہ پر نہیں۔ رنگ وروغن تک ٹھکانے کا نہیں۔ صورت پہ جیسے پھٹکار برس رہی ہو۔ آئے دن کی مریض، ہر وقت کی رنگ رنگ، کبھی آواز بیٹھ گئی تو کبھی کان پٹ گئے۔ آگ لگے پیٹ کو، جہنم کی آگ بجھتی ہی نہیں۔

توبہ ہے میں تمہید میں ایسی گم ہوئی کہ یہ بتانا ہی یاد نہ رہا کہ آخر اشارہ کس طرف ہے؟ توبہ توبہ میرے میاں کے متعلق کوئی ایسا ویسا خیال بھی دل میں نہ لائیے گا:

"ہمارے میاں ایک نہیں کئی لا چکے ہیں"

تو کیا خدانخواستہ آپ سمجھ رہے ہیں: "بیویاں"؟

جی نہیں جناب عرض ہے کہ موٹر یعنی کار! ہم کو تو گنتی یاد نہیں دیکھنے والوں کا کہنا ہے کہ ہم سال میں چار قسم کی موٹروں میں نظر آتے ہیں۔ نئی سے نئی، کھٹارا سے کھٹارا، بڑی سے بڑی اور چھوٹی سے چھوٹی۔

ایک مرتبہ ایک لمبی چوڑی موٹر آئی۔ دل میں خوب خوب منصوبے باندھے کہ اس میں کس طرح بیٹھیں اور کس ادا سے اترائیں۔ لیکن اس میں بیٹھ کر اترانے اور اکڑنے کی حسرت دل ہی میں رہ گئی۔ ہوا یوں کہ بڑی تیاری کے ساتھ اس میں بیٹھ کر عابد روڈ گئے اور اسی دن شام کو ہم نے ایک محترمہ سے سنا کہ:

"صبح آپ کی موٹر نظر آئی تھی مگر آپ اس میں نہیں تھیں"

اب یہ غضب نہیں تو کیا ہے "پھٹ پڑے وہ سونا جس سے ٹوٹیں کان"۔ ایسی موٹر کی بڑائی کو لے کر کیا کریں جس میں ہماری ہستی ہی گم ہو کر رہ جائے۔ اس موٹر کا نام میں نے "کنبہ گھسیٹ" رکھا تھا۔

اس کے بعد جو موٹر آئی اس کے متعلق اتنا ہی کہنا کافی ہے کہ اس میں ہم لوگ بیٹھتے ہی نہیں تھے بلکہ ٹھونسے جاتے تھے۔ پھر ایک ایسی موٹر آئی جس کو سرے سے موٹر کہنا ہی زیادتی تھی کیونکہ یہ غالباً اللہ کے نام اور وظیفوں کے زور پر چلتی رہی۔ ایک دن باغ عام کے قریب اس کا پہیہ اس زور سے نکل کر بھاگا کہ آج تک پتہ نہ چلا کہ کدھر کو گیا۔

خدا جانے میاں کی کون سی نیکی کام آئی کہ موٹر فٹ پاتھ سے رگڑ کھا کر رک گئی، ڈیڑھ سو روپے میں وہیں کھڑے کھڑے ہراج کر کے گھر تشریف لے آئے۔

یہ ساری موٹریں بے چاریاں خواب و خیال ہو چکی ہیں اب ہمارے پاس نہیں ہیں، لیکن ان کی یادیں باقی ہیں۔ اب جو ہمارے پاس موٹر صاحبہ ہیں ان کی ادائیں دنیا سے نرالی ہیں میرے ساتھ تو وہ سوکناپا ہے کہ خدا کی پناہ! اپنی مرضی چلانے پر تلی رہتی ہیں، ان کی مرضی کے خلاف کوئی انہیں جگہ سے ہلا دے تو ہم جانیں!

اچھی خاصی عمر ہے مگر نخرے چھوکریوں جیسے ہیں۔ وہ تو کہئے ان کا جنم ولایت کا ہے کہ اتنی چل گئیں ورنہ نہ جانے کب کی کسی کباڑی کی دکان میں ڈھیر نظر آتیں۔ ان کو چلنے پر آمادہ کرنے کے لئے بڑے دل گردے کی ضرورت ہے اور اگر اتفاق سے چل پڑیں تو پھر دیکھئے چلنے کا وہ ہنگامہ خیز انداز ہے کہ کچھ نہ پوچھئے۔ اٹھلا کر ان کا قدم اٹھانا بھی غضب ہے۔ چند قدم چلنے پر سارا کھایا پیا ہضم ہو کر بھوک پلٹ آتی ہے اور کبھی کبھی تو یہ اٹھلاتی چال، معلوم ہوتا ہے کہ پیٹ کے سارے ساز و سامان کو دیوانی ہانڈی میں تبدیل کر کے رکھ دے گی۔

پھر چال تو جیسی کچھ ہے، ہنگامہ وہ غضب کا کہ کان پڑی آواز سنائی نہ دے کچھ ایسا ڈنکے کی چوٹ چلتی ہیں کہ میلوں آگے سے لوگ پلٹ پلٹ کر دیکھتے اور راستے سے ہٹنے لگتے ہیں گویا ہارن کا کام بھی نکلتا رہتا ہے۔ آوازیں مختلف قسم کی ہوتی ہیں، غرفش، چر چوں سے لے کر ڈھر پڑ کھڑ تک سب ہی شامل ہیں۔

بیٹھنے والے کو یہ گمان رہتا ہے کہ وہ موٹر پر نہیں آوازوں پر سوار ہے اس میں بیٹھ کر ساتھی سے بات کرنے کی کوشش کرنا بے سود ہے۔ منہ سے کچھ نکلتا ہے سنائی کچھ دیتا ہے۔ اس میں تو بس اس طرح اچھلتے کودتے چلتے ہیں گویا بچے کے ہاتھ میں گیند اچھل رہی ہو۔ پھر اچھل کود بھی وقتی، کوئی نہیں کہہ سکتا کہ کب ساکت ہو جائے!

رشید احمد صدیقی صاحب نے لکھا تھا کہ ان کی موٹر کی ہر چیز بجتی ہے سوائے ہارن کے۔ اس معاملے میں ہماری موٹر دو جوتے آگے ہی ہے، کیونکہ جہاں اس کی ہر چیز بجتی ہے وہیں اگر غلطی سے ہارن پر ہاتھ پڑ جائے تو بس قیامت ہے۔ معلوم ہوتا ہے صور پھونکا جا رہا ہے، ہارن بند ہونے کا نام ہی نہیں لیتا تاوقتیکہ گاڑی روک کر اس کی کان گوشی نہ کی جائے۔

بہر حال سوکن کو دیکھ کر خدا کی شان نظر آتی ہے۔ ترچھی نظروں کی کیا تعریف کیجئے، جب لائٹ کھولئے سڑکوں سے گزوں اونچی۔ کبھی درختوں پر کبھی عمارتوں کی کمپاؤنڈ وال پر پڑ رہی ہے۔ کیا مجال جو سڑک پر کچھ نظر آ جائے۔ چلانے والے کو تو بہر صورت ٹٹول کر ہی چلانا پڑتا ہے، ہاں یہ ضرور ہے کہ چوراہے کے پولیس والے کی تشفی کی خاطر لائٹ کھول دی جاتی ہے!

دل کی حالت بھی ایسی خاص اطمینان بخش نہیں ڈاکٹر تو علاج کر کے ہار چکے تھے مگر ایک دن ہمارے صاحبزادے نے غور و فکر کے بعد علاج دریافت کر ہی لیا، آخر کس باپ

کے بیٹھے ہیں۔ ذرا یہ عجیب و غریب علاج بھی ملاحظہ ہو کہ:

اب یہ ہوتا ہے کہ جہاں چلتے چلتے دھڑکنیں رکتی محسوس ہوئیں، فوراً ہی سیدھے ہاتھ کا دروازہ کھول کر پوری قوت سے دھڑ سے بند کیا کیجئے، اکھڑی سانسیں پھر ہموار ہو گئیں۔

نقاہت کا یہ عالم ہے کہ توبہ بھلی، پیروں میں دم نہیں چال ٹھہری چھبیلی۔ رستہ دیکھیں نہ گھر جنگل دیکھے نہ گاؤں، جہاں جی چاہا اکڑ کر کھڑی ہو گئیں۔ معلوم یہ ہوا کہ پہیئے کی ہوا نکل گئی، اب بیٹھے سر پکڑ کر! آئیں ایسی چھڑے چھاٹ کہ ساتھ کوئی سامان یعنی فالتو اسٹیپنی بھی غائب، جیک ندارد کہ پہیہ نکال کر ہی درست کر لیا جاتا۔ غرض دنیا کی مصیبت جھیلنا پڑتی ہے، مگر نظروں سے اوجھل کرنا میاں کے بس کی بات نہیں۔ کہتے ہیں اس میں ایک عدد ڈکی بھی ہے جو سدا بند دیکھی۔

ایک مرتبہ ریل کا سفر درپیش تھا۔ بہ مشکل تمام ڈکی میں سامان لے کر اسٹیشن پہونچے، یقین مانئے ڈکی کھولنے میں ایسے لگے کہ ٹرین سامنے سے نکل گئی۔ جو سوکناپا اس نے میرے ساتھ روا رکھا، کسی نے نہ رکھا تھا۔

میاں کی تو ظاہر ہے نور نظر ٹھہریں مگر مجھ سے خدا جانے کہاں کا بیر ہے۔ اگر دل میں بھی میاں کے ساتھ موٹر میں بیٹھنے کا ارادہ کر لوں تو میرے ارادہ کا خمیازہ بے چارے میاں کو پیدل دفتر تک بھگتنا پڑتا ہے مگر کوفت تو یہی ہے کہ اس دشمنی کو، جو اب ڈھکی چھپی بھی نہیں رہی، شوہر نامدار "اتفاق" کہتے ہیں۔ مجھے تو بس ڈر ہی لگا رہتا ہے کہ کل ہی کی تو بات ہے مجبور کر کے موٹر میں بیٹھایا، ہزار کہا کہ صاحب! آپ کی موٹر سے ہمارے ستارے نہیں ملتے، کیوں جان جوکھوں میں ڈالتے ہو؟ مگر وہاں سنتا کون ہے، بولے:

"بھئی بہترین چل رہی ہے، ابھی تو بچوں کو اسکول پہونچا کر آیا ہوں اتنی جلدی کیا

خراب ہو گی۔"

خیر صاحب ہم بازو بیٹھ گئے، اب جو سلف دباتے ہیں تو ایک فش کی آواز نکلی اور سناٹا ہو گیا، ہارن پر ہاتھ رکھا تو وہ بھی دبی سی آواز نکال کر خاموش ہو گیا، کہنے لگے:

"بھئی، بیٹری ڈاؤن ہو گئی۔"

میں نے کہا "مہربان، یہ ہمارے قدموں کی برکت ہے، آپ بیٹری لئے پھرتے ہیں میں کہتی ہوں نروس بریک ڈاؤن نہ ہو جائے"

غرض سڑک کے چند چھوکروں اور گھر کے ملازمین کی مدد سے ڈھکیل کر بہ مشکل تمام اسٹارٹ ہوئی۔ مجھے تھوڑی ہی دور تو جانا ہی تھا، ابھی گیٹ میں داخل بھی نہ ہوئے تھے کہ اسٹیرنگ آگیا میاں کے ہاتھ میں! گویا سوکن بالکل بے لگام ہو گئیں مجبوراً جہاں پہونچے تھے، موٹر چھوڑ کر میکانک کی تلاش میں روانہ ہو گئے۔ میں نے دبی زبان میں پوچھا: "کیا اس کو بھی اتفاق کہو گے ؟"

اس نے تو ایسے ایسے گل کھلائے ہیں کہ اگر وقت اجازت دیتا تو دفتر لکھ ڈالتی۔ جب ستانے پر آتی ہے تو کچھ سجھائی نہیں دیتا۔ میاں کے دوستوں اور بیویوں کے ساتھ پکنک کا پروگرام بنا، مرتا کیا نہ کرتا۔ دو چار کو اس موٹر میں بھی بٹھانا پڑا۔ اللہ اللہ کر کے کار روانہ ہوئی، راستے بھر دعا کرتی رہی کہ اللہ میاں لاج رکھ لیجیو مگر کہاں شنوائی ہوتی؟ دعا کے الفاظ پورے ادا بھی نہ ہوئے تھے کہ پٹرول پمپ پر پٹرول لینے رکے تو وہیں کے ہو رہے۔

سوکن نے چلنے سے صاف انکار کر دیا۔ مجبوراً ٹھنڈے ٹھنڈے آئے تھے گرم گرم اپنے اپنے گھروں کو روانہ ہوئے۔ شرم سے میری حالت خراب۔ میں اپنے ہی کو مجرم سمجھ رہی تھی کہ اگر میں نہ بیٹھتی تو شاید موٹر خراب نہ ہوتی۔ ستم ظریفی تو دیکھئے کہ

ہمارے میاں اس کو بھی 'اتفاق' کہتے ہیں۔ بہرحال انہیں عشق میں کچھ سمجھائی نہیں دیتا اور یہاں دن رات کا یہ سابقہ زندگی اجیرن کئے ہوئے ہے۔ اگر سوکن سے چھٹکارا پانے کا کوئی ٹوٹکا عنایت کریں تو باعث تشکر ہو گا!

Saukan. Humorous Essay: Fatima Alam Ali.

***

٨

من ترا حاجی بگویم

ڈاکٹر زینت ساجدہ

حاضرین جلسہ !

واقعہ ایک دن کا یہ ہے کہ میر حسن نامی ایک شخص اردو ہال کے اسٹیج پر صدر بنا بیٹھا تھا۔ کسی شاعر مرحوم کا یوم منایا جارہا تھا اور تقریروں میں مرحوم کے اوصاف پسندیدہ کے گن گائے جارہے تھے۔ ایسی عمدہ عمدہ بے شمار باتیں لوگوں نے کہیں کہ اگر بے چارہ مرحوم زندگی میں سن پاتا تو پھولے نہ سماتا۔ زمانہ کی کج ادائی کا شکوہ نہ کرتا۔ بلکہ اس کا بھی امکان تھا کہ وہ سُن لیتا کہ لوگ اسے کس قدر اچھا سمجھتے ہیں تو سچ مچ اچھا بن جاتا۔ بس خیال ہوا میر حسن کو کہ اگر زندگی میں ایسی قصیدہ خوانی کی جائے تو کیا ہی اچھا ہو۔ مارے خوشی کے عمر عزیز کے پانچ سات سال اور بڑھ جائیں۔ پھر اس کا بھی کیا بھروسہ کہ ہم جس طرح گزرے ہوؤں کو یاد کرتے ہیں لوگ ہمیں بھی یاد کریں۔ پرانے بادشاہ اسی بے اعتباری کے سبب اپنا مقبرہ جیتے جی ہی تیار کروالیتے تھے چناں چہ شخص مذکور نے حلقہ ٔ احباب میں یہ بات چھیڑی کہ اس طرح ایک دوسرے کی تعریف و تحسین کی جائے۔ باقاعدہ ایک پروگرام بنے اور آپس میں سب ایک دوسرے کو بھلا کہیں اور سُنیں۔ قرعہ فال مخدوم کے نام نکلا کیونکہ اس کمبخت کے چاہنے والے اس شہر میں بے حساب و بے شمار

ہیں۔ ہر طبقے اور ہر گوشے میں پائے جاتے ہیں۔ ہم نے اس سلسلہ کا نام رکھنا چاہا:

"من تراحاجی بگویم"۔۔

حضرات! چونکہ مخدوم کے چاہنے والے بیرون شہر و دیگر اقطاع ہند میں بھی پائے جاتے ہیں، اس لیے خیال ہوا کہ سب کو شرکت کا موقع دیا جائے۔ کیونکہ سب کی آرزو یہی تھی اس لیے سلسلہ زلف کی طرح دراز ہوا اور خدا معلوم کب وہ روز نیک آتا کہ اچانک رمضان شریف آپہونچے۔ اور اس کے بعد مخدوم اپنے ساٹھ سال پورے کرلیتا اس لیے جشن کا اعلان ہوا۔ مخدوم نہ اپنے آپ کو بوڑھا سمجھتا ہے نہ لوگ سمجھنا چاہتے ہیں۔ تو اس لیے عین اس کی جوانی میں اس کا جشن منانا طئے پایا۔ کچھ لوگ ایسے بھولے بھالے ہیں جو بڑی خوشی سے ذکر کرتے ہیں اور مبارکباد دیتے ہیں کہ لیجئے مبارک ہو، مخدوم ساٹھ سال کا ہوگیا۔ سُنا آپ نے، ہاں حیرت ہے۔ مگر سچ مانیئے یہ سُن کر مخدوم کے دل پر سانپ لوٹ جاتا ہے۔ خدا جانے کب سے اس نے یہ ٹرک کر رکھی ہے کہ اس کی عمر کا پہیہ الٹا گھوم رہا ہے۔ ہاں کبھی کبھی کوئی خاتون محترم اپنی جوان جہاں بچی کو اس سے ملاتے وقت کہتی ہیں، بٹے املو یہ ہمارے ابا کے کلاس میٹ تھے۔ یا کوئی مرد بزرگ جن کے بالوں میں چاندی جھلملا رہی ہے بڑے خضوع و خشوع سے ہاتھ ملا کر کہتے ہیں آپ نے پہچانا نہیں، میں سٹی کالج میں آپ کا طالب علم رہ چکا ہوں تو بیچارے مخدوم کی عجیب حالت ہوتی ہے۔ کیونکہ جب بھی لڑکیاں گروہ در گروہ سامنے سے گزریں تو مخدوم بشرٹ کا کالر ٹھیک کرلیتا ہے۔ اس لیے کہ اس معصوم کو ابھی تک یہی خیال ہے کہ وہ سب اسی کو دیکھ رہی ہیں۔ بات اسے دیکھ کر اتنی عجیب نہیں معلوم ہوتی۔ خدا معلوم اس نے اور اس کے ساتھیوں نے مصری ممیوں کا کونسا نسخہ استعمال کیا تھا کہ برسوں سے اسے دیکھ رہے اور وہ جوں کا توں، سدا بہار۔ میرا خیال ہے کہ ریفریجیریٹر اور تھرماس بنانے والی

کمپنیاں مخدوم کو بطور اشتہار استعمال کر سکتی ہیں۔ چونکہ بزنس میں نے سمجھائی ہے ففٹی ففٹی نہ سہی ۵۱ فی صد رائلٹی کی حقدار ہوں۔۔

ہر ایک شخص جشن مخدوم میں اس کی قصیدہ خوانی پر تُلا ہوا ہے۔ سُن سُن کر جی جلا اور بُھن کر کباب ہو گیا۔ کیوں نہ جلیں، ویسے بھی مخدوم سے جی جلتا ہے۔ مغلپورہ کے نوابوں سے لے کر چکڑ پلی کے مزدوروں تک جس کو دیکھو فیشن سا بنالیا ہے کہ مخدوم کی محبت میں مرے جارہے ہیں۔ سال بھر میں ایک ہی غزل یا نظم کیوں نہ کہے، سارا شہر اسے منہ زبانی پکّا پانی یاد کر لیتا ہے۔ حیدرآبادیوں کی تو خیر مخدوم کمزوری بن گیا ہے۔ افیون کی طرح وہ اس کے عادی ہو گئے ہیں مگر نووارد آندھرا کے نوسکھ بھی لہرا لہرا کر" منڈیلی کے چنبولے تلے "گنگناتے ہیں اور دعویٰ کرتے ہیں کہ اردو سیکھ گئے ہیں۔ ظاہر ہے کہ ان باتوں نے اس کا دماغ اور بھی خراب کر دیا ہے۔ ایک تو شاعر ہے، ویسے ہی اتراتا ہے، پھر ان تعریفوں نے تو ناس ہی مار دیا اس کا۔ کریلا اور نیم چڑھا بن گیا۔ اس لیے میرا جی چاہتا ہے کہ سب تعریف کریں، تو میں ہجو گوئی پر اُتر آؤں تا کہ تریاق کا کام کرے۔ گھر میں بھی اس کی مخالفت مشکل ہے۔ چاہنے والے ہر گھر میں جو موجود ہیں۔ اس لیے یہاں زیادہ محفوظ ہوں۔ اسٹیج پر ایک نہیں کئی صدور تشریف فرما ہیں۔ جان و مال کی حفاظت کی ضمانت ہیں۔۔

مخدوم اصل میں سخت کمینہ ہے دیکھئے کئی سال ہوئے میں نے اس سے کہا تھا کہ ایک غزل لکھ دے تا کہ میں مشاعرے میں پڑھ کر داد وصول کر سکوں۔ آپ کو تو معلوم ہی ہے شاعروں پر واہ واہ، سبحان اللہ، مکرّر ارشاد، تعریف و تحسین کے ڈونگرے برسائے جاتے ہیں تو پھر جی للچا ہی اٹھتا ہے۔ مخدوم نے فوراً حامی بھر لی کہ تازہ کلام مجھے دے دے گا لیکن حال یہ ہے کہ شعر کا لفظ لفظ جس طرح وارد ہوتا ہے لوگوں کو سنانے لگتا ہے۔ پاؤ

مصرعہ، آدھا مصرعہ، پون شعر اور پورا شعر، ہر منزل پر سناتا جاتا ہے۔ اطراف لوگ نظر نہ آئیں تو فون پر سنائے گا۔ فون پر کوئی سننے والا نہ ملے تو لوگوں کے گھر جائے گا۔ روپیہ رہن رکھا کر رکشا کا کرایہ چونی وصول کرے گا۔ پھر روپیہ بھی ہضم کر جائے گا اور شعر سنائے گا۔ اگر کوئی ڈھنگ کا سننے والا نہ ملے تو راستہ چلتے آدمی کو روک کر سُنائے گا بلکہ اسے دیکھ کر آدمی خود سننے رک جائے گا۔ کوئی نہ ملے تو رکشا والے کو سنائے گا۔ ننھے مُنے بچوں کو سنائے گا۔ غرض وہ اسی طرح غزل یا نظم کے تمام ہونے سے پہلے اس کا ہر لفظ کئی بار سینکڑوں کو سنا چکتا ہے۔ اس کا کلام مرض متعدی ہے۔ سننے والے دوسروں کو سنائیں گے اس طرح حیدرآباد کی ساری پبلک طوطے کی طرح اس کا کلام رٹ لیتی ہے۔ اس طرح تازہ غزل مجھ تک پہنچنے سے پہلے سب کو زبانی یاد ہو جاتی ہے۔ پھر آپ ہی بتایئے کمینہ نہ کہوں تو اسے کیا کہوں۔ میر کے کلام سے سرقہ کرنا آسان ہے، ممکن ہے کسی کو پتہ نہ چلے لیکن مخدوم کا آدھا شعر بھی چوری کر لیجئے اور کسی کو سنایئے تو سننے والا بقیہ آدھا سنا کر کہتا ہے مخدوم نے کیا خوب کہا ہے۔ آل انڈیا ریڈیو والے خوامخواہ اس کا کلام نشر کرنے سے بچتے ہیں۔ اس کا کیا بگاڑ لیتے ہیں۔ خود ہی بدنام ہوتے ہیں وہ تو بذات خود ریڈیو اسٹیشن ہے اور بار بار اپنا پروگرام اس طرح نشر کرتا ہے کہ دور و نزدیک سب نہ صرف سُن لیں بلکہ سن کر یاد رکھنے پر مجبور ہو جائیں۔ اور جب کسی محفل میں سنانے کی فرمائش ہو تو وہ بے حد بننے کی کوشش کرے گا۔

"بھئی۔! یاد نہیں"۔

پبلک کے بے حد اصرار پر سناتے سناتے اٹک جائے گا اور پبلک ایک آواز ہو کر جب اسے یاد دلائے گی تو اصیل مرغ کی طرح اکڑ کر اِدھر اُدھر فخریہ دیکھے گا۔ دیکھا آپ نے شاعری اس کو کہتے ہیں اور دوسرے شاعر بے چارے غم زدہ ہو کر اپنی ناقدری کا

غم بھلانے کے لیے رونے لگتے ہیں۔ کسی شاعر کو بھی اس کے اپنے شہر کے لوگ اس طرح سر آنکھوں پر نہیں بٹھاتے۔ ایسی مزاج داری نہیں کرتے، میں نے کہا نا سب نے اس کا دماغ خراب کر دیا ہے، گھر کی مرغی دال برابر سمجھا ہی نہیں۔ صدیوں کی ناقدر دانی ابنائے وطن کی روایت توڑ دی، حد ہے بھئی واقعی حد ہے۔ وہ روز سنائے اور سال بھر تک وہی ایک چیز سناتا رہے تو بھی ہمہ تن گوش بن جاتے ہیں۔ خدا جانے کون سا منتر پڑھ کر پھونک دیا ہے۔ اکتانے کا نام نہیں لیتے، باسی، پرانی، بوسیدہ غزلیں تک شوق سے سنتے ہیں اور دوسرے شاعروں کی سائیکلوجی خراب ہوتی ہے۔

اصل میں اس کی آواز میں جادو ہے۔ گہری طرح دار، خوب اوپر چڑھی ہوئی آواز۔۔۔ جب غزل چھیڑتا ہے تو آپ ساز بن جاتے ہیں اور اماوس کی رات میں گویا دیپک سا جل اٹھتا ہے مگر جہاں آپ نے شوق کا اظہار کیا کہ لگے۔۔۔ نخرے دکھانے، اصرار کیجئے کہ غزل ترنم سے سناؤ تو تحت اللفظ پڑھنے لگے گا۔ بے سروں کو تو گانے کا شوق ہے مگر اس کا حال یہ ہے کہ ذرا آواز کی تعریف کی اور تحت اللفظ پر اُتر آیا۔ میرا خیال ہے جشنِ مخدوم میں ایک ریزولیشن پاس کر دیا جائے کہ مخدوم جب سنائے ترنم سے سنائے۔ مجھ سے عرب ملکوں کی سیاحت کر کے آنے والے ایک سیاح نے کہا "اُم کلثوم، ہائے آواز اس کی۔ ساٹھ برس کی ہو چکی مگر آواز کا جادو نہیں ٹوٹا"۔ میں نے کہا آپ نے مخدوم کو نہیں سنا۔ ساٹھ برس سے تو ہم ہی سُن رہے ہیں۔ مگر آواز کا کلف نہیں ٹوٹا۔ بلکہ ابرق سی چمکنے لگی ہے۔

ریزولیشن کی بات آئی ہے تو ایک ریزولیشن اور پاس کرنا ہوگا۔ وہ یہ کہ جب بھی ادبی محفلوں میں مخدوم آئے تو اپنی لمبی تقریروں سے بور نہ کرے، نظم سنایا کرے۔ مروت میں لوگ اس کی تقریروں کو جھیل لیتے ہیں تو سمجھتا ہے کہ اس کی تقریر سننے کے

لیے بیٹھے ہیں۔ حالاں کہ سب اس انتظار میں ہوتے ہیں کہ اس لمبی تقریر کے بعد شعر سنائے گا۔ تقریر سننی ہے تو راج سے سُن لیں گے۔ ہمارے لیے مخدوم شاعر ہے اور اس کا شعر سننے کے لیے ہی ہم آتے ہیں۔ تقریریں وہ ادب کی سرحد سے باہر جلسے جلوسوں میں کر سکتا ہے۔

مخدوم شاعر بھی ہے، شخصیت بھی، جادو بھی ہے اور جادوگر بھی۔ مگر ہے بڑا لپوٹ۔ اس کا اعتبار مشکل ہے وہ جب نہایت سنجیدگی سے باتیں کرتا نظر آئے تو سمجھ لیجئے کہ کسی کو بنا رہا ہے اور سننے والے کو خبر بھی نہ ہوگی۔ آندھرا پردیش نیا نیا بنا تھا ایک خاتون اردو سے بالکل ناواقف، اپنی دانست میں بے حد باا ثر، ایک محفل میں مخدوم کو شعر پڑھتے سن کر بے حد متاثر ہوئیں۔ آواز یقیناً کانوں میں رس گھول گئی ہوگی۔ شفقت سے پوچھا آپ کیا کام کرتے ہیں۔ مخدوم نے سوکھا منہ بنا کر مظلومیت سے دکھڑا رویا کہ بے کار ہوں۔ بے چاری ریڈیو اسٹیشن میں کام دلوانے کا پکا وعدہ کر بیٹھیں اور مخدوم نے اس کی سرپرستی کے انداز کو اور شہ دی۔ انگلش میں ان سے بات کرتا اور اردو میں کمنٹری دیتا جاتا۔ پاس بیٹھنے والوں کا بُرا حال تھا۔ ایکٹنگ تو اس کے لیے فطری تھی۔ خاتون کو بعد میں معلوم ہوا کہ یہ تو لال مخدوم ہے تو پھر نام سے ہی بدکنے لگیں۔

وہ تو خیر ---۔ مگر یہ سردار جعفری۔ خاصا چالو آدمی ہے وہ بھی جھانسے میں آگیا۔ جب مخدوم نے اپنی آواز کا سلسلہ نسبتی حضرت بلال حبشیؓ سے ملایا تو اس نے اپنے مضمون میں لکھ مارا اور شاید آج تک خبر نہ ہوئی۔ حالاں کہ یہ چار سو بیس جب چاہتا ہے سقراط بن جاتا ہے جب چاہتا ہے قلوپطرہ اور قرۃ العین کا عاشق۔ یہ تو دلی کی راجدھانی جیسا ہے جس نے کبھی کسی سے سچ بولا نہ وفا کی۔ مگر وہ لوگ بھی خوب جانتے ہیں کہ وہ سنجیدہ باتیں لطیفوں کی طرح بیان کرتا ہے۔ اور گپ مارتے وقت افلاطون کی طرح سنجیدہ اور ذی

شعور نظر آتا ہے۔ وہ بھی جو ہمیشہ سے اسے جانتے ہیں بارہا الّو بنے ہیں، کھسیائے ہیں۔ وہ تو گرگٹ ہے جب دیکھئے ایک نئے رنگ میں نظر آتا ہے۔ اعتبار ہی نہیں کیا جاسکتا کہ اس بہروپیہ کا سچا روپ کون سا ہے۔۔

مخدوم اپنی مقبولیت پر آپ ہی نازاں ہے کہ مجھے سب چاہتے ہیں۔ چاہیں نہیں تو جائیں کہاں۔ جو آپ کے سر پر سوار ہی ہو جائے، اسے سر پر بٹھانا ہی پڑتا ہے۔ کوئی گھر ایسا نہیں کہ جہاں وہ نہ جاسکتا ہو۔ عورتوں میں عورت، مردوں میں مرد، سیاست دانوں میں اپوزیشن لیڈر اور بچوں میں سرکس کا مسخرہ۔ میں نے بارہا اسے نہایت ہی گھریلو قسم کی عورتوں سے بگھارے بیگن یا انڈوں کے کٹ کی فرمائش کرتے اور انباڑے کے آچار کی ترکیب پوچھتے سنا ہے۔ مخدوم کو اپنے بلے و بلیک حُسن پر بڑا ناز ہے اب جو بنّے بھائی نے اسے اجنتا کی مورتی قرار دیا ہے تو خدا جانے اور کیا مزاج دکھائے۔ پہلے ہی سے وہ اپنے آپ کو دکن کی سنگلاخ چٹانوں سے ترشا صنم سمجھتا ہے۔

مگر مخدوم سخت کافر ہے بُرا بھلا کہہ کر بھی عزیز رکھنے کو جی چاہتا ہے۔ ایک بار شام بہاراں میں، میں نے اسے کافر کہہ دیا تھا تو دوسرے ہی دن کئی مولویوں نے خطوط بھیجے اور بُرا بھلا کہا۔ لکھا تھا غزل کا کافر ہے سچ مچ کا کافر نہیں۔ انہیں یقین ہے کہ ایک نہ ایک دن راہ راست پر آجائے گا۔ عوام بھی کہتے ہیں دہریہ ہے تو کیا ہوا۔ دیکھ لیجئے۔ بڑے پیر کے نام کی برکت سے کیا نام نکالا ہے۔ یہ سب سن، سن کر وہ مُرستا ہے۔ مُرسنا لفظ دکنی زبان میں نہایت بلیغ ہے اور وہ مخدوم پر صادق آتا ہے۔ اب بھی دیکھیئے کل سے مُرس رہا ہے۔

مجھے آج سروجنی نائیڈو کی بیٹی لیلا منی یاد آرہی ہے۔ کالج میں کوئی تقریب ہو وہ سب سے آخر میں نیشنل انتھم کی فرمائش کرتیں۔ " وہ خم گردن، وہ دست ناز، وہ ان کا

سلام" مگر لعنت ہے مخدوم پر جس کے لیے ایسے قدردان رہے ہوں، وہ اپنی قدر گنواتا ہے، کچھ کہیئے تو ناراض ہوتا ہے۔ لڑنے مارنے مرنے پر آمادہ ہو جاتا ہے۔ کس قدر خواہش تھی کہ وہ مقطع کہے۔ کتنے اصرار پر لکھا۔ مگر بدذوقی کی حد ہے۔ جسے چاہتا ہے شعلہ رخ، شعلہ بدن بنا دیتا ہے۔

میرا خیال ہے کہ ساٹھ سال عمر کا اثر چہرے مہرے پر نہ سہی آنکھوں پر ضرور ہوا ہے۔ آنکھوں کے اتنے اچھے، اچھے ڈاکٹر شہر حیدرآباد میں موجود ہیں وہ یقیناً مخدوم کو بھی جانتے ہوں گے انہیں کیسے گوارا ہے کہ ان کی دور، دور تک بدنامی ہو۔ اب بھی وقت ہے کہ ایک عینک اور ایک سماعت کا آلہ اس کی نذر کیا جائے۔

اس کا مجموعہ "بساطِ رقص" اجرا ہو گیا ہے کچھ نظمیں تو بالکل راک ان رول کرتی معلوم ہوتی ہیں۔ بلکہ ٹوسٹ اور شیک۔ اس لیے جب بے حد ینگ اسمارٹ لڑکیاں مخدوم کو سننے اور اڈمائر کرنے آتی ہیں اور ڈاؤن ہونے لگتی ہیں کہ اللہ کتنے سویٹ ہیں مخدوم صاحب، تو میں خطرے کی گھنٹی بجا دیتی ہوں۔ وہ جو سفید سر والے بزرگ راج بہادر گوڑ بیٹھے ہیں نا ان سے مخدوم فل ٹین ایرس بڑے ہیں اور کئی نواسے نواسیوں کے نانا حضرت۔ وہ بڑی بے اعتباری سے "او گاڈ" کہہ کر سنبھل جاتی ہے ں اور وقت کے سر پر خطرہ ٹل جاتا ہے۔ خدا معلوم مخدوم کیوں نہیں سوچتا کہ اور شاعر چاہے جو کریں مگر مخدوم کو لوگ چاہتے ہیں تو اس سے کچھ معیاروں کے طلبگار بھی ہیں۔۔

مگر معلوم نہیں کیوں ہنسنے اور کھلانے والا مخدوم شعر سناتا ہے تو مجھے بالکل تنہا نظر آتا ہے۔ تنہا مسافر شب گزیدہ، جو اپنے دل کا چراغ جلائے سب کے لیے راہ تلاش کر رہا ہو۔ آپ اس کی باتیں سن کر ہنستے ہوں گے مگر شعر سن کر جیسے دل پگھلنے لگتا ہے۔ اسی لیے کافر ہے، کمینہ ہے، سب کچھ ہے مگر بے ساختہ کہہ اُٹھتے ہیں:

خدا کے واسطے اس کو نہ ٹوکو
یہی اک شہر میں قاتل رہا ہے

Man tera Haji bagwaim. Humorous Essay on Makhdoom by: Dr. Zeenat Sajida

***

۹

تو مری یاد سے آہستہ گزر

علامہ اعجاز فرخ

کہانی کسی شخص کی نہیں ہوتی۔ بھلا اکیلے کی کوئی کہانی کیا! کہانی تو اس کے اطراف کے کرداروں سے مل کر تشکیل پاتی ہے۔ یہ کردار بھی سانس لیتے ہوئے جیتے جاگتے کردار جن کے اطراف پھر کہانیاں ہی کہانیاں، اس طرح ہر پل کی اپنی ایک کہانی ہے۔ پل بہت مختصر سہی لیکن ایک پل کی کہانی کبھی کبھی زندگی سے بھی طویل ہو کر کسی خوبصورت موڑ پر یوں رُک جاتی ہے کہ پڑھنے والے کی سانس تھم جائے اور پھر بھی یوں محسوس ہو جیسے خواب کا لمس نرم ہونٹوں کو چھو گیا۔ کہانی پوری ہو جائے تو مر جاتی ہے۔ ادھوری رہ جائے تو اپنی تکمیل کی خاطر صدیوں کا سفر کرتی ہے کہ شاید اگلے کسی موڑ پر منزل مل جائے۔ کچھ کہانیاں انسان کے اندر کا آتش فشاں بھی اگلتا ہے۔ باہر سے بظاہر سرو نظر آنے والا یہ آتش فشاں اپنے وجود میں کتنا لاوا سمیٹے ہوئے ہے، اس کا اندازہ تو اسی وقت ہوتا ہے، جب بستیاں خاکستر ہو جائیں۔

شاید یہ بھی درست ہے کہ ایک انسان کی انا ہزاروں معصوم کہانیوں کا قتل عام کرے اور کٹے ہوئے سروں کا مینار صرف اور صرف اس کی انا کی تسکین کا سامان ہو۔ فرعون نے بچوں کا قتل کروا کر بے شمار کہانیوں کو چند سانسوں کی مہلت بھی نہ دی، لیکن

یہ بھی صرف ایک نسل کا قتل تھا۔ سب سے سفاک قاتل تو وہ ہے جو ذہانتوں کا قاتل ہے اور جس نے مسلسل نسلوں کا قتل عام کیا پھر بھی سرخرو رہا۔ اگر ان ذہانتوں کا مینار تعمیر کیا جائے تو دہلی کا قطب مینار اور فرانس کا ایفل ٹاور اپنی قامت پر شرمائے۔ لیکن سناٹوں کے درمیان خود سناٹے کی آواز اور صرف ایک کانٹے کی کسک ان انسانوں کے اندر کے بیابانوں کی سیر کرواتی ہے تب ان کے باہر کی انجمن اور ان کے اندر کے ہولناک ویرانے جو کہانی سناتے ہیں وہ دُنیا کی سب سے عجیب کہانی ہوتی ہے۔ مسلسل بھی، ادھوری بھی، ناتمام بھی، کبھی نہ ختم ہونے والی بھی۔ کبھی یہ دُنیا خود بھی ایک سناٹے میں تبدیل ہو جائے گی تب وقت کی منجمد دونوں سوئیوں کے درمیان کا فرق اس کہانی کی علامت کے طور پر اس خلش ناتمام اور اس کسک کی کہانی سناتا رہے گا۔ شاید ہمیشہ، شاید ابد تک، اگر بہت زیادہ قربتوں کا دوسرا نام دوریاں ہو تو طویل ہجر بھی بدن سے ماورا ایک لذت وصل سے سرشار تو رکھتا ہے، جہاں مزاحمتیں، پابندیاں، انتظار کا کرب، سب کچھ بے نام ہو کر رہ جاتا ہے۔

مشہور تو یہی ہے کہ مقدونیہ کا بادشاہ جو زمینوں کی فتوحات کے بعد سکندر اعظم کہلایا۔ جب دُنیا سے گیا تو دونوں ہاتھ خالی تھے۔ صدیوں سے ان خالی ہاتھوں کے اطراف ایک ہی کہانی گردش کر رہی ہے کہ دُنیا، دولت، شہرت، عزت، حشم، قدم سب دُنیا میں دھرے کا دھرا رہ جاتا ہے۔ ہاتھ جنازے کے باہر ہوں یا اندر حقیقت تو بدلنے والی نہیں۔ ہاں ایک نمود کا سامان ہو گیا۔ ویسے خالی ہاتھوں کی سونی لکیریں بھی اپنے اندر کچھ کہانیاں رکھتی ہیں، کسی سے نہاں کسی پر عیاں، کسی کے آگے چپ اور کسی سے سرگوشی۔

سکندر بچپن ہی سے ضدی تھا، اس کا باپ فلپ جب علاقے فتح کر کے واپس لوٹتا اور فتح کا جشن منایا جاتا تو وہ کبھی اپنے کمرے میں بند رہتا اور کبھی دور باغات میں جا کر تناور

پیڑوں پر مکے برساتا۔ اسے غصہ اس بات پر تھا کہ اس کا باپ فتوحات پر فتوحات کر کے اپنی سلطنت کو وسعت دے رہا ہے اور سکندر کو فتح کرنے کے لئے اس کے حصہ میں کمی واقع ہوتی جا رہی ہے۔ نو برس کی عمر میں سکندر کو فوجی تربیت کے لئے بھیج دیا گیا۔ سخت جسمانی مشقت، فنون سپہ گری، شہسواری، تلواروں کی جھنکاریں، نیزہ بازیاں، بدن پر لگنے والے گھاؤ اور اس پر بے مزہ غذائیں، لیکن سخت گیر تربیت دینے والے ماہر جنگجو اور فلسفیانہ تعلیم دینے والے اتالیق نے سکندر کے مزاج میں ٹھہراؤ پیدا کر دیا۔ اس کے اندر کا ضدی بات بے بات مچلتا تو نہیں تھا، لیکن اس نے حساب سیکھ لیا تھا۔ دو سال بعد جب سکندر لوٹا تو اسے فوجی چھاؤنی ہی میں ٹھہرایا گیا۔ اسے اجازت نہیں تھی کہ وہ مقدونیہ کے شہری علاقہ میں داخل ہوتا۔ نہ اس نے شہر کی روشنیاں دیکھیں، نہ محلات، نہ باغات، نہ تفریح گاہیں، نہ زندگی کے عیش و طرب، تاجر جنگ کے ہتھیار، خود، زرہ بکتر، جانوروں کی کھال کے خیمے، عمدہ نسل کے تربیت یافتہ گھوڑے اور سامان حرب و ضرب لے کر آتے۔ سکندر اپنے باپ کے پہلو میں بیٹھ کر تلواروں کو الٹ پلٹ کر دیکھتا پرکھتا اور الگ کرتا جاتا۔ نیزوں کی انی کو وہ انگوٹھے کی پور سے پرکھتا۔ شہسوار ایک ایک گھوڑے کو دوڑاتے، کنوتیوں اور کاٹ کو پرکھتے اور پھر فلپ کے آگے پیش کر دیتے اور سکندر کی مرضی پا کر ہی فوج میں شامل کئے جاتے۔ اسی طرح ایک گھوڑوں کے تاجر نے اپنے گھوڑے پیش کئے، لیکن ایک گھوڑے کو سب سے الگ رکھا۔ چمکیلی سیاہ جلد، گردن پر خوبصورت ایال، پھڑکتی ہوئی کنوتیاں، سم کبھی ہوا میں بلند تو کبھی زمین کو روندتے ہوتے۔ لگتا تھا کہ بدن میں لہو نہیں پارہ دوڑ رہا ہے۔ فوج کے ایک سوار نے زین رکھنا چاہی تو سرکش گھوڑے نے چہرے پر ٹاپ ایسے مارے کہ صورت بگڑ گئی۔ دوسرے نے اپنی مہارت دکھلانی چاہی تو اسے روند گیا۔

تاجر نے ادب سے کہا گھوڑا خوبصورت تو ہے، لیکن بڑا ہی سرکش ہے، آج تک قابو میں نہیں آیا، اسی لئے الگ رکھا۔ اس نے اس سے ہٹ کر پھر کسی گھوڑے پر سواری نہیں کی۔ اس کے بعد سات برس تک سکندر مسلسل میدانوں میں نبرد آزما رہا۔ دو تین مرتبہ مقدونیہ آیا بھی تو شہر کا رُخ نہیں کیا۔ پورے نو برس بعد جب یہ خبر عام ہوئی کہ سکندر شہر مقدونیہ میں آنے والا ہے اور اپنی ماں ملکہ اولمپیا سے ملے گا تو شہر کی از سر نو تزئین و آرائش ہوئی۔ ہر درخت پر رنگ برنگی قندیلیں جگمگائی گئیں۔ راستے میں دو رویہ لڑکیوں بالیوں، عورتوں اور بچوں نے پھول نچھاور کئے۔ نوجوان سکندر مردانہ وجاہت کا شاہکار کسی سنگتراش کے خوبصورت یونانی مجسمہ کی طرح اپنے پسندیدہ گھوڑے بیوی فالس پر سوار، جلو میں گھڑ سوار دستہ، آگے آگے نقیب، پیچھے فوج کا ہر اول مقدونیہ کے راستوں سے گزرتا ہوا اولمپیا کے محل کی طرف رواں دواں تھا۔ اولمپیا عیش و طرب کی دلدادہ، تزئین و لطف اٹھانے کی خوگر۔ اسی کے نام سے آج تک اولمپک گیمس موسوم ہیں اور ایتھنز میں اولمپک مشعل جلا کر دُنیا بھر میں گشت کروائی جاتی ہے۔ اولمپیا نے سکندر کے استقبال کے لئے ایک محل مخصوص کیا اور اس مخصوص محل میں مقدونیہ اور اس کے باہر سے مشہور مطرباؤں، رقاصاؤں کے ساتھ ساتھ دوشیزاؤں کو جمع کیا کہ سکندر کو لبھا سکیں، رجھا سکیں، لیکن کمبخت نہ جانے کس پتھر کا بنا تھا کہ ٹس سے مس نہ ہوا اور صبح جب الٹے قدموں جیسا آیا تھا ویسے واپس نکل گیا تو اولمپیا نے صرف اس جرم میں کہ کوئی بھی شہزادے کو اپنی طرف متوجہ نہ کر سکی، سب کو قتل کروا دیا۔

سکندر واپس اپنی چھاؤنی میں لوٹ چکا تھا۔ کبھی شام کے وقت اپنے پسندیدہ گھوڑے پر دور دور تنہا نکل جاتا اور ہرے بھرے درختوں کے بیچ کھڑے ہو کر گہری سانسیں لیا کرتا۔ ایک عجیب قسم کی مہک جب اسے اپنے وجود میں محسوس ہوئی، جو اس نے اس سے

پہلے نہیں محسوس کی تھی تو پھر گھوڑے کو ایڑ دے کر دور نکل جاتا کہ یہ مہک اسے پریشان کر دیتی تھی۔ اس نے تو آج تک ہمیشہ جنگ کے میدانوں میں صرف خون کی بو سونگھی تھی اور تلواروں کی جھنکاریں سنی تھیں۔ نہ پھولوں کی مہک، نہ ہوا کی خوشبو، صرف تپتی دھوپ دیکھی تھی۔ پیڑوں کی نرم چھاؤں دیکھ کر وہ یوں پریشان ہو جاتا، جیسے اس کا گھوڑا پہلی سواری سے پہلے۔ ایک شام وہ اپنے گھوڑے پر سوار اسی طرح سبزہ زاروں کے بیچ تھا کہ اسے سامنے ایک دیوار سی نظر آئی۔ اس نے گھوڑے کو کچھ پیچھے لے جاکر ایڑ دی اور لمحہ بھر میں دیوار کے اس پار تھا۔ کچھ دور آگے بڑھا تھا کہ اس نے دیکھا بھرے درختوں کے بیچ ایک لڑکی ٹوکری میں چیری چن رہی ہے۔ نازک انگلیوں کے بیچ سرخ چیری کی رنگت کا عکس اس کے چہرے پر شفق کی طرح کھلا کھلا سا تھا۔ سنہری زلف، رخساروں پر یوں جھول رہی تھی، جیسے سفید صندل پر سنہری ناگن جھکی ہوئی، مخمور پلکیں۔ سکندر کو پہلی مرتبہ پیاس کا احساس ہوا، وہ اپنے گھوڑے پر یوں ساکت تھا جیسے واقعی کوئی مجسمہ ہو اور گھوڑا بھی یوں کھڑا تھا، جیسے اس کے وجود ہی کا ایک حصہ ہو۔ اس لڑکی نے ایک مرتبہ نظر اٹھا کر سکندر کو دیکھا۔ جھکی ہوئی پلکیں یوں آہستہ آہستہ اٹھیں کہ کلی نے کھلنا کم کم ان آنکھوں سے سیکھا ہو۔ سکندر گھوڑے سے اترا قریب پہنچا۔ پوچھا

"تم کون ہو، یہاں کیا کر رہی ہو؟"۔ اس نے معصومیت سے کہا، چیریاں چن رہی ہوں اپنے مالک کے لئے۔

سکندر نے کہا: "کچھ دیر یہاں پیڑ کے نیچے بیٹھ جائیں! تم سے باتیں کرنے کو جی چاہتا ہے"۔

باتیں تو کسی نے کی نہیں، وہ اسے تکتا رہا اور وہ چپ چاپ سر جھکائے نرم مٹی کریدتی رہی۔ جب شام کے سائے پھیلنے لگے تو اس نے کہا میں چلوں شام ہو گئی ہے، مجھے دور جانا

ہے۔ سکندر نے کہا" چلو میں تمہیں چھوڑ دوں" اس نے اپنے آگے گھوڑے پر بٹھالیا تو گھوڑا بھی اتنی سبک خرامی سے چل پڑا جیسے منزل بھی معلوم ہوا اور کب پہنچنا بھی۔ درختوں کے بیچ ایک خوبصورت شاہ بلوط کی لکڑی سے بنے کاٹیج سے کچھ دور اس نے سکندر کا ہاتھ تھاما اور اتر پڑی۔ سکندر کو پہلی بار یوں لگا جیسے ہتھیلی میں سنسناہٹ سی ہے۔ اس نے پوچھا" کل پھر آؤ گی" اس نے پلکیں جھکا لیں، لیکن کاٹیج میں جانے سے پہلے مڑ کر دیکھا۔ گویا وعدہ بھی اور اقرار بھی۔

دو تین دن دونوں اسی پیڑ تلے ملتے رہے۔ ایک شام جب سکندر اسے چھوڑنے پہنچا تو گھوڑے سے اتر کر وہ سکندر کا ہاتھ تھامے رہی۔ سکندر کو لگا اس کا ہاتھ کپکپا رہا ہے اور وہ کھلی کھلی آنکھوں سے سکندر کو تک رہی ہے، جیسے ڈوب جانا چاہتی ہو۔ نیلی آنکھوں کے سمندر میں، گہرائی میں، اور گہرائی میں، گہرے پانیوں میں۔ سکندر نے بے ساختہ وہ جواہرات سے مرصع لاکٹ جو مقدونیہ میں آنے پر اسے پہنایا گیا تھا، اس کے گلے میں ڈال دیا۔ بس پہلی بار وہ کسی سینے سے لگی تھی۔ دوسرے دن جب سکند وہاں پہنچا تو پیڑ خاموش تھے اور کاٹیج ویران۔ کئی دن وہ اسے تلاش کرتا رہا۔ پوچھتا رہا، کسی نے کہا" نہیں معلوم کہاں سے آئی تھی، کون تھی۔" کسی نے کہا" شام کو پریاں بھی جنگل میں آنکلتی ہیں۔" اسے نہ ملنا تھا نہ ملی۔ سکندر کا لشکر کوچ کے لئے تیار تھا۔ بگل بجنے سے پہلے سکندر بیوی فالس کو دوڑاتا ہوا دور نکل گیا۔ فوج ٹھہری رہی۔ اس پیڑ کے پاس پہنچ کر جہاں وہ پہلی بار ملی تھی، اس نے جھک کر دیکھا، اس کے ناخن سے کریدی ہوئی مٹی ابھی نرم بھی تھی، کچھ گیلی بھی۔ سکندر نے بڑی احتیاط سے وہ مٹی محفوظ کر لی اور پھر واپس آکر لشکر کے ساتھ کوچ کر گیا۔ تین سال تک وہ لشکر کشی کرتا رہا۔ ایک مرتبہ مقدونیہ کے اطراف میں بغاوت ہوگئی۔ سکندر بھی باپ کی مدد کے لئے پہنچ گیا۔ ایک دن گھمسان کا

رن پڑا، فوج ہر طرف لڑ رہی تھی۔ سکندر بڑی جی داری سے لڑتے لڑتے دشمن کی فوج میں دھنستا چلا گیا اور پھر شام سے پہلے کسی کی کچھ خبر نہ تھی۔

سکندر کی جب آنکھ کھلی تو اس نے خود کو لکڑی کے ایک کاٹیج میں پایا اور وہ ابھی کراہ ہی رہا تھا کہ اسے لگا کوئی اس کے سرہانے سے اٹھ کر تیزی سے باہر نکل گیا۔ کچھ ہی دیر میں ایک شخص اندر آیا اور بڑے تپاک سے کہنے لگا۔ "شکر ہے تمہیں ہوش آگیا، لو یہ تھوڑی سے یخنی پی لو، خون بہت بہہ گیا ہے۔ زخم تو ٹھیک ہو جائیں گے، لیکن یخنی سے قوت محسوس کرو گے۔" سکندر ابھی یخنی پی ہی رہا تھا کہ باہر سے شور سنائی دیا۔ وہ شخص باہر نکلا تو سپاہیوں نے اسے جکڑ لیا اور سکندر کے پاس لے آئے اور چیخ کر کہنے لگے۔ "سکندر یہاں ہے" فلپ خود دستے کی کمان کر رہا تھا، وہ بھی پہنچ گیا۔ پتہ چلا کہ سکندر کے حملے کے بعد مقابل تو ہار گیا تھا اور تین دن سے فوج اسے ڈھونڈ رہی تھی۔ بیوی فالس کو یہاں بندھا دیکھ کر وہ یہاں تک پہنچے۔ اس شخص نے بیان کیا کہ بیوی فالس زخمی سکندر کو لے کر قریب کے تالاب تک پہنچا۔ اس نے سکندر کو وہاں چھوڑ کر ان کی کاٹیج کے دروازے کو ہلایا اور جب وہ شخص بر آمد ہوا تو اس نے تالاب تک رہنمائی کی۔ وہ اسی گھوڑے پر ڈال کر گھر لایا۔ اس کے زخموں کو صاف کیا۔ سکندر کو شدید بخار تھا، ابھی ابھی ہوش آیا ہے۔

فلپ نے کہا "اسے چھوڑ دو" اور اس سے کہا "تم کل مقدونیہ آجانا، منہ مانگا انعام پاؤ گے۔"

جانے سے پہلے سکندر نے اس کا شکریہ ادا کیا کہ اس نے تین دن خدمت کی زحمت اٹھائی، تو اس نے کہا

"میں نے کیا کیا، تمہاری تیمارداری تو میری بیوی نے کی، وہ تین دن تین رات

مسلسل جاگتی رہی۔ اس نے پلک تک نہیں جھپکائی اور اب جب تمہیں ہوش آیا تو اسی نے مجھے اطلاع دی۔"

سکندر نے پوچھا۔ "تمہاری بیوی نے میری تیمار داری کی؟"۔

اس نے کہا "ہاں" اور گھر میں جا کر جب لوٹا تو اس کی گود میں ڈیڑھ دو سال کا بچہ تھا۔ سکندر نے اسے آغوش میں لیا تو دھک سے رہ گیا۔ اس کے گلے میں وہی لاکٹ تھا، جو اس نے آخری ملاقات پر کسی کے گلے میں ڈال دیا تھا۔ سکندر جب بوجھل قدموں سے باہر نکل رہا تھا تو فلپ نے سوچا شاید بدن پر زخموں کا اثر ہے، لیکن جب وہ اپنے گھوڑے پر سوار ہوا تو باپ نے دیکھا وہ اسی شان سے گھوڑے پر بیٹھا ہے، جیسے سارے زخم سوکھ گئے ہوں۔ لیکن سکندر کو لگا کہ اندر کے گھاؤ کے سارے ٹانکے ٹوٹ چکے ہیں اور زخم سے خون یوں بہہ رہا ہے، جیسے ابھی لگا ہے۔ گہرا، بہت گہرا، نیلے گہرے سمندر اتنا گہرا۔

سکندر نے زندگی میں بہت فتوحات حاصل کیں، وہ سکندر اعظم کہلایا۔ ہندوستان میں اس نے پورس کے ایک جملے پر کہ جب اس نے پوچھا تھا کہ "تمہارے ساتھ کیا سلوک کیا جائے"

تو پورس نے کہا تھا "وہی جو ایک بادشاہ دوسرے بادشاہ کے ساتھ کرتا ہے"

سکندر نے اس کی سلطنت واپس کر دی۔ ہندوستان سے واپسی پر دریائے سندھ میں طغیانی تھی۔ گھوڑا اسے داغ مفارقت دے گیا، اس کا ساتھی اس کا راز داں بیوی فالس اس سے چھوٹ گیا۔ اس نے اپنے گھوڑے کی یاد میں ایک شہر آباد کیا۔ ابھی وہ جوان تھا کہ بیمار ہوا۔ کسی موذی مرض سے نہیں، صرف ملیریا سے اور اسی مرض میں وہ مر گیا۔ جس سکندر اعظم کو دُنیا کی فوج اور ہتھیار نہ مار سکی، اسے صرف ایک مچھر نے موت کے گھاٹ اتار دیا۔ سنتے ہیں کہ آخری وقت اس نے اپنے بازو سے کوئی تعویذ نما چھوٹی سی ڈبیا

کھولی۔ اس میں مٹی سی تھی۔ بہت دیر وہ اسے سونگھتا رہا، پھر ہتھیلیوں میں مل کر اسے اپنے سینے سے لگالیا اور وصیت کر دی کہ میرے ہاتھ جنازے کے باہر رکھ دیئے جائیں۔ جانے ہاتھ باہر تھے یا باہر نہیں کھلی تھیں۔ لیکن ہوا کہتی ہے کہ وہ آخر وقت کچھ کہہ رہا تھا۔ ہوا ہی کے دامن میں یہ بھی تحریر ہے کہ وہ لفظ کچھ یوں تھے:

اب وہ چہرہ نہ سنائی دے گا
اب وہ آواز نہ آئے گی نظر
تو مری یاد سے آہستہ گزر

Tu meri yaad se ahista guzar. Essay: Aijaz Farruq

***

۱۰

زبان کی شگفتگی سے عاری موجودہ کالم نگاری

سہیل انجم

پاکستان کے روزنامہ جسارت کے ایڈیٹر ماہر لسانیات مرحوم اطہر ہاشمی اخبار کے ضمیمہ فرائڈے اسپیشل کے لیے ایک ہفتہ واری کالم لکھا کرتے تھے جس کا عنوان تھا "خبر لیجے زباں بگڑی"۔ وہ اس میں لسانی عقدہ کشائی کرتے اور الفاظ کے ماخذ، ارتقا اور موجودہ صورت حال اور ان کے غلط یا صحیح استعمال پر علمی انداز میں روشنی ڈالتے تھے۔ ان کے انتقال کے بعد یہ ذمہ داری ایک اور ماہر لسانیات احمد حاطب صدیقی (ابو نثر) بحسن و خوبی انجام دے رہے ہیں۔ ان کے کالم کا عنوان ہے "غلطی ہائے مضامین"۔ چونکہ وہ بھی ماہر لسانیات ہیں اور طنز و مزاح کی صلاحیت سے بھی لیس ہیں اس لیے وہ ہر ہفتے لسانی موشگافیاں کرتے ہیں اور اپنے مخصوص انداز میں سوالوں کے جواب دیتے یا کسی لسانی مسئلے کو حل کرتے ہیں۔ انھوں نے دس فروری کے شمارے میں "

کس کو کہتے ہیں کالم آرائی

" کے زیر عنوان بہت ہی دلچسپ اور کارآمد کالم لکھا ہے۔ اس میں انھوں نے یہ بتانے کی کوشش کی ہے کہ کالم اور مضمون میں کیا فرق ہے اور کیا ہر مضمون کو کالم کہا جا سکتا ہے۔

ان کے اس کالم کی روشنی میں خیال آیا کہ کیا واقعی ہم لوگ جو ہر ہفتے مضامین لکھتے ہیں انھیں کالم کہا جانا چاہیے۔ حالانکہ ہم بھی بڑی ڈھٹائی سے اسے کالم ہی کہتے ہیں اور دوسرے قلمکار بھی اپنے مضامین کو کالم ہونے کا دعویٰ کرتے ہیں۔ احمد حاطب صدیقی نے ایک ادبی محفل کے تذکرے کے ضمن میں ادیب و انشاپرداز مجیب الرحمن شامی کے اس فقرے کے جواب میں کہ:

"بھائی ہم تو سبزی فروش ہیں، ابو نثر ڈرائی فروٹ بیچتے ہیں" پاکستانی اخبارات میں شائع ہونے والے مضامین کے تناظر میں لکھا ہے کہ:

کالموں میں سبزی فروشی کا کاروبار تو اب شروع ہوا ہے۔ پہلے میوہ جات ہی بیچے جاتے تھے۔ ابتدا میں کالم نگاری کا مطلب شگفتہ نگاری لیا جاتا تھا۔ فکاہیہ اور مزاحیہ کالم لکھے جاتے تھے۔ ان کالموں میں ادبی چاشنی ہوتی تھی۔ بذلہ سنجی ہوتی تھی۔ چٹکیاں لی جاتی تھیں۔ آجکل ہر قسم کی مضمون نگاری 'کالم نگاری' کہی جانے لگی ہے۔ اب ذاتی خیالات و خرافات کے اظہار کو بھی 'کالم' کہا جاتا ہے۔ گفتگو یا تحریر سے ظاہر ہو جاتا ہے کہ کسی شخص کے اندر علم کا ذخیرہ ہے یا جہل کا دور دورہ۔ طبیعت میں لطافت ہے یا کثافت۔ جو شخص اپنی تقریر یا تحریر میں ڈھونڈ ڈھونڈ کر فرد یا معاشرے کے صرف گھناونے واقعات بیان کرتا ہو، کھوج لگا لگا کر برائیوں، خرابیوں اور خباثتوں کا تذکرہ کرتا ہو تو آپ یہ اندازہ لگانے میں حق بجانب ہو سکتے ہیں کہ اس شخص کے باطن میں خباثت بھری ہوئی ہے۔ اگر کوئی شخص فرد یا معاشرے میں صرف حسن و خوبی تلاش کرتا ہو، لوگوں کا ذکر عزت و احترام سے کرتا ہو، ان کی غلطیوں، کوتاہیوں اور خامیوں سے صرفِ نظر کرتا ہو تو ایسے شخص کی گفتگو یا تحریر سے اس کی طبعی کیفیت کا اظہار ہو جاتا ہے کہ صاحب تقریر یا تحریر کی طبیعت اور مزاج میں پاکیزگی ہے، نفاست ہے، شرافت ہے، نجابت ہے۔ اس کا

مطلب یہ نہیں کہ جہاں ضروری ہو وہاں بھی برائیوں اور خرابیوں کا تذکرہ نہ کیا جائے یا ان کی نشان دہی نہ کی جائے۔۔۔ (بہر حال) شگفتہ کالم نگاری کا احیا ہونا چاہیے۔ کوئی آپ کو کو مسکرا کر دیکھے تو آپ خود بھی مسکرا دیتے ہیں۔ مسکراہٹ سے مسکراہٹ پھیلتی ہے۔ ذہنی تناو، بے چینی اور اضطراب میں کمی آتی ہے۔ کیا ہی مزہ ہو کہ کالم نگار خود مسکرا کر سیاست کار سے کہے کہ 'آپ بھی مسکرائیے'۔

یہ اقتباس اگرچہ پاکستانی اخبارات کے تناظر میں لکھا گیا ہے لیکن ہم اس کے آئینے میں ہندوستانی اخبارات کے مضامین اور کالموں کا چہرہ دیکھ سکتے ہیں۔ انٹرنیٹ کی سہولت نے خودرو پودوں کی مانند کالم نگار پیدا کر دیے ہیں۔ جدھر دیکھیے ادھر کالم نگاروں کی بھیڑ موجود ہے۔ ہر ایرا غیرا نتھو خیرا یہ کہتا پھرتا ہے کہ میرا کالم آپ نے پڑھا، میں نے فلاں کی خوب کھنچائی کی ہے۔ جس کو دیکھیے وہ یا تو کسی کی کھنچائی کر رہا ہے یا خوشامد۔ لیکن وہ شگفتگی جو ماضی کے کالموں کی جان ہوا کرتی تھی عنقا ہو گئی ہے۔ آج ایسے کئی نام نہاد کالم نگار ہیں جو صرف اور صرف برائیوں کی کھوج بین میں لگے رہتے ہیں۔ انھیں کسی شخص یا تنظیم میں کوئی خوبی نظر نہیں آتی۔ ان کی نگاہ ادبدا کر خرابیوں پر جا کر جم جاتی ہے۔ ایسے لوگوں کو دوسروں کی تحریروں میں کیڑے نکالنے میں جو مزا آتا ہے وہ شاید انھیں کسی اور چیز میں نہیں آتا۔ اب تعمیری تنقید کا فقدان ہو گیا ہے۔ تنقید کی جگہ پر تنقیص کا دور دورہ ہے۔ یہ بھی دیکھا جا رہا ہے کہ اگر آپ کسی کی کسی بات سے اختلاف رائے کر دیں تو وہ شخص دشمنی پر اتر آتا ہے۔ ہمارے متقدمین شعرا اور ادیبوں و قلم کاروں میں مباحثے اور مناقشے ہوتے تھے۔ مہینوں چشمکیں چلتی تھیں۔ اپنے اپنے نقطہ نظر کی تائید میں بڑے ادیبوں اور قلمکاروں اور استاد شعرا کی مثالیں دی جاتی تھیں۔ اس کے باوجود ان میں دوستی کا جذبہ متاثر نہیں ہوتا۔ وہ مہینوں کی بحث و تکرار کے باوجود ایک دوسرے کا

احترام کیا کرتے تھے۔ لیکن اب یہ خوبیاں ناپید ہو گئی ہیں اور اسی طرح بالخصوص اخبارات میں شائع ہونے والی تحریروں سے شگفتگی غائب گئی ہے۔ لیکن اس کے باوجود ہمیں یہ غرہ ہے کہ ہم کالم نگار ہیں۔ ہمیں کالم نگار ہی کہا جائے۔ کالم نگار ہوا کرتے تھے چراغ حسن حسرت، عبد المجید سالک، نصر اللہ خاں عزیز، دیوان سنگھ مفتوں، وقار انبالوی، شوکت تھانوی، ابن انشا، احمد جمال پاشا، مشفق خواجہ، کنہیا لال کپور، فکر تونسوی، مجتبیٰ حسین، دلیپ سنگھ، نصرت ظہیر وغیرہ۔ آجکل زبان کا بھی تیا پانچہ ہو رہا ہے۔ سوشل میڈیا نے تو اور بھی بیڑہ غرق کر دیا ہے۔ سوشل میڈیا پلیٹ فارموں پر تو کھلے عام زبان کا جنازہ نکالا جا رہا ہے۔ وہاں انگریزی کی مانند اردو الفاظ کے بھی مخفف بنائے جا رہے ہیں اور بھونڈے انداز میں بنائے جا رہے ہیں۔ واٹس ایپ پر استعمال ہونے والی زبان کا ایک نمونہ ملاحظہ فرمائیں۔ ایک بار ہم نے ایک شعری نشست کا بینر دیکھا جس پر لکھا ہوا تھا "اعزازایہ نشست"۔ ہم نے نشست کے منتظم کو میسیج بھیجا کہ اعزازیہ نشست غلط ہے، اعزازی نشست ہونا چاہیے۔ اعزازیہ تو اسے کہتے ہیں جو آپ جیسے شعرا کے کلام بلاغت نظام کے اعتراف میں رقم کی شکل میں دیا جاتا ہے۔ انھوں نے واٹس ایپ پر جواب دیا کہ یہ بھی صحیح ہے۔ لیکن انھوں نے لفظ صحیح کو "سہی" لکھا تھا۔ ہم نے اپنے برابر میں بیٹھے ہوئے ایک سینئر پروفیسر کو دکھایا تو انھوں نے اسے دیکھ کر از راہ تفنن کہا کہ جب یہ صحیح ہے تو وہ بھی صحیح ہے۔

ابھی انیس فروری کو لکھنو میں "اردو فاونڈیشن آف انڈیا" اور "نجب النسا میموریل ٹرسٹ" کے زیر اہتمام ایک آل انڈیا اردو کانفرنس کا انعقاد ہوا۔ کانفرنس میں اردو زبان کے حوالے سے بہت سی باتیں ہوئیں۔ اپنے صدارتی خطاب میں پروفیسر اختر الواسع نے بہت اہم بات کہی۔ ان کا کہنا تھا کہ زبانوں کا کوئی مذہب نہیں ہوتا۔ مذہبوں کو زبان کی

ضرورت ہوتی ہے زبانوں کو مذہب کی نہیں۔ اس کا احساس کانفرنس میں شرکت کرنے والے اردو داں پروفیسر جانکی پرساد شرما کی موجودگی سے بھی ہوا۔ انھوں نے جس انداز میں اردو کے حوالے سے گفتگو کی اس سے بھی ثابت ہوا کہ زبانوں کو مذہب کی ضرورت نہیں اور یہ کہ زبانوں کا کوئی مذہب نہیں۔ لیکن کبھی کبھی زبان اور مذہب کی آمیزش سے عجیب و غریب صورت حال پیدا ہو جاتی ہے۔ احمد حاطب صدیقی نے بھی اپنے تازہ کالم میں اسی پر گفتگو کی ہے۔ یہاں اس کی گنجائش نہیں کہ میں اس کی تلخیص پیش کروں۔ لیکن ان کے مضمون کا آخری حصہ قارئین کی نذر کرنا چاہتا ہوں۔ وہ اس سے ضرور لطف اندوز ہوں گے۔ وہ لکھتے ہیں کہ:

پاکستان میں رہنے والے ہندو، مسیحی اور سکھ بھائی جب اردو بولتے ہیں تو "اللہ نے چاہا... دعا کیجیے... بھلا کون سی قیامت آگئی؟--- اور آج مغرب کے بعد آؤں گا" جیسے فقرے ہی نہیں "السلام علیکم، ان شاءاللہ، ماشاءاللہ، شکر الحمدللہ اور خدا حافظ" جیسے کلمات بھی بے تکلفی سے استعمال کرتے ہیں۔ (ہندوستان میں بھی غیر مسلم اردو داں ایسے ہی بولتے ہیں)۔

پھر وہ آگے لکھتے ہیں کہ خدا جانے یہ لطیفہ ہے یا حقیقہ، مگر سنا ہے کہ صوبہ سندھ کے شہر سیہون شریف سے ہمارے ایک نوجوان ہندو بھائی گنگا اشنان کرنے بھارت پہنچے۔ اشنان گھاٹ پر جا کر لنگر لنگوٹ کسا اور "یا علی" کا نعرہ لگا کر گنگا جل میں کود گئے۔ وہاں تو ہاہا کار مچ گئی:

"ہائے ہائے مُسلے نے سارا جل بھرشٹ کر دیا۔ اب پورے پانی کو دھو کر پوتر کرنا پڑے گا"۔

کسی نے کہا: "پہلے مُسلے کو تو باہر نکالو"۔

لڑکے کو پکڑ دھکڑ کر ننگ دھڑنگ باہر نکالا گیا تو سب نے چپتیانا شروع کر دیا:

"ارے مُسلے! تجھے ہمت کیسے ہوئی کہ مُسلوں کا اشلوک جپ کر گنگا میّا میں کود پڑے؟"

لڑکے نے تھپڑوں کی برسات، بلکہ ہجوم کے "تھپڑاو" سے بچتے ہوئے جھکائی دے دے کر اور چلاّ چلاّ کر فریاد کرنا شروع کر دی:

"ایمان سے مُسلا نہیں ہوں۔ قسم سے ہندو ہوں۔ قرآن کی قسم میں ہندو ہوں"۔

Current column writing and language idiosyncrasies. Essay: Suhail Anjum

***

١١

ہم آنکھ سے ٹپکے ہوئے آنسو کی طرح تھے:

خالد علیگ

ندیم صدیقی

"ہم آنکھ سے ٹپکے ہوئے آنسو کی طرح تھے"

حافظہ بھی عجب ہے کہ کبھی تو برسہا برس قبل کی باتیں یاد ہی نہیں آتیں بلکہ ہمارے ذہن میں ایک فلم سی چلنے لگتی ہے، معمولی سی بات بھی اپنے پس منظر سے غیر معمولی بن کر زبان تک آجاتی ہے اور کبھی یوں ہوتا ہے کہ سامنے کی بات ہے اور کچھ یاد نہیں آتا۔ گزشتہ دنوں پروفیسر شاہد کمال صاحب (کراچی) سے خالد علیگ کا تذکرہ چھڑ گیا۔ ان موصوف سے دو ملاقاتیں رہی ہیں۔ آخری بار جب ملے تھے تو اُس وقت خالد علیگ عمر کے آٹھ دہے عبور کر چکے تھے، بظاہر دھان پان مگر اپنے حوصلے اور جرأت کے باوصف وہ قوی شخص تھے۔

ٹونک والے ڈاکٹر یوسف جاوید سے بزرگی پر گفتگو ہو رہی تھی، موصوف کہنے لگے کہ

" میاں! معمر ہونا عجب نہیں اور ہر معمر بزرگ ہو، ہر گز ضروری نہیں۔۔۔ یہ تو

ایک اعزاز ہے اور ایسا اعزاز جو قدرت تفویض کرتی ہے۔ ورنہ کہنے کو تو زمانہ ہر معمر فرد کو بزرگ کہتا ہے مگر ایسی بزرگی جھاگ کی طرح ہوتی ہے۔'بزرگی' کی ایک علامت یہ بھی ہے کہ وہ بعد از مرگ بھی اپنا اثر کھوتی نہیں دیکھیے زندگی کے کتنے شعبے ایسے ہیں جہاں یہ بزرگی قائم ودائم ہے۔"

چودہ برس ہونے کو ہیں بزرگوار خالد علیگ سے ملے ہوئے مگر ابتک وہ اپنے تمام محاسن کے ساتھ ذہن کو روشن کیے ہوئے ہیں۔ وہ بظاہر ترقی پسند تحریک کے آدمی تھے مگر قدرت نے اُن کو جیسا مُعززبنا رکھا تھا ویسی مثالیں خال خال ہی ملتی ہیں۔ سِوِل انجینئرنگ سے انہوں نے اپنی عملی زندگی شروع کی اور پاکستان کے ایک بڑے روزنامے 'مساوات' کے ایڈیٹر کے منصب تک پہنچے، سیاست وادب ہی کے لوگ نہیں بلکہ جماعت اسلامی کے اصحاب بھی ان کی عزت کرتے تھے، وہ جو کہا گیا ہے کہ وتوعزو من تشائ۔۔۔ خالد علیگ اسی قول کی زندہ مثال تھے کراچی میں۔

ہم مسلمانوں کی تاریخ میں "خالد" ایک تاریخی کردار کا نام ہے۔ خالد بن وَلید کی شجاعت اور مومنانہ صفات سے ہر پڑھا لکھا مسلمان واقف ہے مگر کم لوگ جانتے ہیں کہ نبیرۂامیر معاویہ یعنی خالد بن یزید بھی ایک تاریخی کردار گزرا ہے جو بادشاہِ وقت کی اولاد ہوتے ہوئے بھی تاج وتخت اپنے اجداد کے نظریات سے دستبردار ہوا اور مسلمانوں میں علمِ کیمیا کے بنیادی اُستادوں میں شمار ہوا، پٹھانوں کے شہر قائم گنج (فرخ آباد۔ یوپی) نے بڑے بڑے لوگوں کو جنا ہے خالد علیگ نے بھی ۱۹۲۳ میں اسی سرزمین پر آنکھیں کھولی تھیں مگر وہ شمشیر وسناں والے خالدؓ بن ولید سے تعلق نہیں رکھتے بلکہ خالد بن یزید سے اُنکی (معنوی) نسبت تھی یہ اور بات کہ خالد بن یزید نے علمِ کیمیا کو تقویت پہنچائی تو خالد علیگ نے صبح کا پھریرا لہرایا۔ اخبار، صبح کی ایک علامت ہے اور ہمارے نزدیک صبح،

حق کا اعلان بھی ہے۔

ہم اُنھیں حق کا علم بردار اور ظلم کے خلاف قلم بردار ایک سپاہی جانتے ہیں۔ ظلم و ظلمت کا مخالف حق کا مشعل بردار مساوات کا نقیب ہی یہ کہہ سکتا ہے کہ

میرا شہر مجھ پر گواہ ہے کہ ہر ایک عہدِ سیاہ میں
وہ چراغِ راہِ وفا ہوں مَیں کہ جلا تو جل کے بجھا نہیں

خالد علیگ اپنے شہر والوں سے خائف نہیں بلکہ انھیں گواہ بناتے ہیں جو، اُن کے حسنِ ظن کا اعلان ہے اسی طرح اُن کا ایقان بھی ایمانِ وفا بنا ہوا ہے۔ یہ سطریں رقم کرتے ہوئے ذہن میں اُن کا سراپا ہی نہیں گھوم رہا ہے بلکہ ان کے چہرے پر اطمینان کا وہ منظر بھی آنکھوں میں گردِش کر رہا ہے جو آج بڑے بڑے اہلِ ثروت کو بھی نصیب نہیں یہ اطمینان اُن کے ایقان ہی کا مظہر ہے، اس موقع پر

حضرتِ انجم فوقی بدایونی کا یہ مطلع بھی یاد آتا ہے:

مطمئن بیٹھا ہوں خود کو جان کر
اور کیا ملتا خدا کو مان کر

چھوٹوں اور بڑوں میں موازنہ کرنا اچھا عمل نہیں سمجھا جاتا مگر کیا کِیا جائے کہ بڑوں ہی سے چھوٹوں کی شناخت اور چھوٹوں ہی سے بڑوں کی بڑائی ثابت ہوتی ہے۔ خالد علیگ اور ہمارے درمیان خرد و کلاں ہی کا تعلق ہے وہ کراچی کے ایک بڑے اخبار (مساوات) کے مدیر یعنی پاکستان کے صحافیوں میں اِک ممتاز مقام کے حامل ، ہم ہندوستان میں اُردو کے دورِ ارزانی کے ایک معمولی سے اخبارچی۔

اپنے سے ہر حال میں بلند اور باکمال شخص کے بارے میں کچھ لکھنا، کچھ کہنا، چھوٹا منہ بڑی بات کے مصداق ہے مگر جس طرح کبھی کبھی شاعری وغیرہ میں لفظ کے مروجہ

معنی بدل دِیے جاتے ہیں اُسی طرح یہ خرد اِس بزرگ سے نسبت کا مدعی ہے۔ یہ نسبت اُن (خالد) کیلئے کوئی معنی نہیں رکھتی مگر اِس اخبارچی کیلئے حسنِ معنیٰ ضرور رکھتی ہے وہ یوں کہ خالد علیگ ہمارے معاصر ہیں ہم نے اُنھیں سنا ہے، دیکھا ہے کہ تاریخ سے کسی بھی طور تعلق رکھنے والے تاریخ کا ادنیٰ ہی سہی مگر اُس کا حصہ بن جاتے ہیں۔۔۔ فی زمانہ جسے دیکھو دُنیا طلبی میں مبتلا ہے مگر ایسے لوگ بھی گزرے ہیں کہ دُنیا نے جن کی طلب کی اور وہ دُنیا کے ہاتھ نہیں آئے، سید زادے خالد علیگ انہی میں شمار کیے جائینگے، سچ ہے کہ زندگی ایسے ہی اشخاص کے قدموں پر نچھاور ہوتی ہے۔۔۔ خالد علیگ ہی نے کہا ہے:

دُنیا نے تو ہر موڑ پہ سَو دام بچھائے
ہم تیرے خیالوں کی طرح ہاتھ نہ آئے

پاکستان کا ماضی ، پاکستان کا حال سب کی نظر میں ہے مگر اس ماضی اور حال سے مستقبل کی جو آہٹ سنائی دیتی ہے اُس میں خالد علیگ جیسے لوگ آفتابِ زرد ہوتے ہوئے بھی اُجالے کا استعارہ ہیں وہ یونہی نہیں کہتے:

بُجھتا ہوا اِک دیپ سہی ہم، ہمیں پھر بھی
جب تک کہ نہ ہو جائے سحر ساتھ میں رکھنا

(اس شعر کو اُن کی تعلّی نہ سمجھا جائے بلکہ اِسے اُن کی شفقت پر محمول کیا جائے)

ہمارا خیال ہے کہ خالد علیگ نے تو انکسار اً کہا ہے کہ "ساتھ میں رکھنا" مگر آج دُنیا اور بالخصوص برِصغیر کی طرف ظلم و ظلمت کی جس آندھی کے آثار ہویدا ہیں اُس میں خالد علیگ جیسے آہنی حوصلہ اور مضبوط اِرادے کے حامل لوگ ہماری ضرورت ہوں گے اور یہ وہ ضرورت ہیں جس میں شفقت و محبت نے آمیز ہو کر ایک قوت کی شکل اختیار کر لی ہے۔ ہمارے لئے آج آلودہ فضا کی ہر سانس زہر بنی ہوئی ہے ایسے میں خالد علیگ جیسے

بزرگ کسی بھی طرح قوتِ مدافعت سے کم نہیں۔ دُعا کیجئے کہ HIV لگی ہوئی انسانی فکر میں یہ قوتِ مدافعت کسی طور باقی رہے کہ اسی میں آدمیت و انسانیت کی بقا بھی مخفی ہے۔ خالد علیگ کا یہ شعر کسی نام نہاد مجذوب کی بڑ نہیں:

اب دردِ مشترک ہے مِرا درد دوستو!
اب مقتلِ وفا میں اکیلا نہیں ہوں مَیں

خالد علیگ جیسا زندہ اہلِ قلم اور ایسا زِندہ کہ زندگی ازل تا ابد اس کی رفیق بنتی نظر آتی ہے۔ ہنود کے ہاں شنکر کا کردار بڑا پرکشش ہے اُس نے زہر پیا تھا، زہر پینا بھی بڑے دِل گردے کی بات ہے ایک جرأت کا کام ہے زہر لاکھ جان لیوا سہی لیکن جن لوگوں کو زہر پینا آتا ہے وہ زِندۂ جاوید ہو جاتے ہیں۔ خالد علیگ نے حالات کا زہر پیا ہے اُن کے اِیقان پر ایمان لاتے ہی بنتی ہے۔

اے حادثِ قدیم کی مُردہ روایتو!
مَیں اِتنا جانتا ہوں کہ مرتا نہیں ہوں مَیں

ایسا صاحبِ یقین و صاحبِ ایمان خالد علیگ پاکستان اور پاکستانیوں کو مبارک ہو اور ہم تو وطن اور وطنیت سے پَرے صرف علم و ادب ہی کے رِشتے سے ایک فخر محسوس کرتے ہیں وہی فخر جو خالد بن یزید کے تاج و تخت سے بے نیازی اور علم سے شغف سے ہمیں محسوس ہوا خالد علیگ سے رِشتہ بھی اسی علم و ادب کا حاصل ہے یہ وہ رِشتہ ہے جو انبساط کا صرف احساس ہی نہیں دِلاتا بلکہ ہمیں بھی کسی طور اُس شغف سے قریب کرتا ہے۔

پندرہ اگست ۲۰۰۷ کو یہاں جب کراچی سے اُن کی سناؤنی آئی تو اُسی کے ساتھ اُڑتا ہوا اُن کا یہ شعر بھی ہم تک پہنچا تو منہ سے بس آہ ہی نکلی:

موتی تو نہیں تھے، کوئی پلکوں سے جو چنتا
ہم آنکھ سے ٹپکے ہوئے آنسو کی طرح تھے

The memoirs of Khalid Alig. Column: Nadeem Siddiqui

***

۱۲

بچے باہر ہیں

مظہر قادری

آج کی تاریخ میں حیدرآباد میں جو بھی لوگ ساٹھ سال کے آس پاس ہیں، ان کے پاس جوانی کے دنوں میں بات کرنے کے لئے اتنے قصے کہانیاں رہا کرتے تھے کہ کبھی دوستوں کے ساتھ وقت کا پتہ ہی نہیں چلتا تھا۔ ہر دن ایک نیا قصہ ایک نیا فسانہ ہوتا تھا لیکن اب وہ عمر کے اس حصے میں پہنچ گئے ہیں تو ان کے پاس پوچھنے کے لئے سوائے چند الفاظ کے اور کچھ باقی نہیں رہ گیا۔ جو پریشان حال ہیں وہ تو اپنے ماضی کے کسی بھی دوست سے ملنا بھی پسند نہیں کر رہے ہیں۔ البتہ جو کچھ آسودہ حال ہو گئے ہیں وہ جب اپنے پرانے دوست احباب سے ملتے ہیں تو سب سے پہلے خیر خیریت پوچھتے ہیں، جس کا مطلب یہ ہوتا ہے کہ ماشاءاللہ آپ ابھی تک زندہ ہیں!

جب کہ وہ جوانی میں ایک دوسرے سے ملتے تو کبھی کوئی کسی کی خیر خیریت پوچھتا ہی نہ تھا، بس ملتے ہی کوئی مذاق، کوئی قصہ یا پھر کوئی نیا پروگرام بات کا موضوع ہوتا تھا، لیکن اس عمر میں خیریت کے فوری بعد: شوگر کتنی ہے؟ بی پی کنٹرول میں ہے یا نہیں؟ گھٹنوں کا درد کیسا ہے؟ کس سے علاج کرا رہے ہیں؟ کون سی دوا لے رہے ہیں؟

اور اس کے بعد کچھ ناقابل قبول مشورے دیتے ہیں جنہیں سامنے والا صرف سنتا

ہے مگر عمل نہیں کرتا۔ بچپن کا اگر کوئی دوست ماضی کے جھروکے سے جھانک کر جوانی کے کسی چٹ پٹے قصوں کو یاد دلانے کی کوشش بھی کرے تو زباں پر بے اختیار یہ شعر آ جاتا ہے:

جانے کیا ڈھونڈتی رہتی ہیں یہ آنکھیں مجھ میں
راکھ کے ڈھیر میں شعلہ ہے نہ چنگاری

جب صحت کی باتیں ختم ہو گئیں تو اگلا سوال ایک دوسرے سے یہی رہتا ہے کتنے بچے ہیں اور کیا کر رہے ہیں؟ یہ وہ سوال ہے جس کو سن کر کوئی ہنس دیتا ہے تو کسی کی آنکھ میں آنسو آ جاتے ہیں۔ ایسے ہی دو دوست کافی عرصہ بعد ملے تو ایک دوست دوسرے دوست کا شاندار بنگلہ، کار اور ظاہری حالت سے متاثر ہو کر پوچھ بیٹھا: کتنے بچے ہیں اور کیا کر رہے ہیں؟

تو ان صاحب نے کہا: تین لڑکے ہیں، پہلا ڈاکٹر ہے اور اس کی بیوی بھی ڈاکٹر ہے اور دونوں امریکہ میں ہیں۔

یہ سن کر دوست نے کہا: ماشاء اللہ! آپ قسمت والے ہیں، اسی لئے تو آپ کی یہ شان و شوکت ہے۔

تو وہ صاحب بولے: ایسا کچھ نہیں۔

دوسرا لڑکا کیا کر رہا ہے؟

تو انہوں نے جواب دیا: انجینئر ہے، دبئی میں اعلیٰ عہدے پر فائز ہے اور اس کی بیوی بھی وہیں ملازم ہے۔

تو دوست نے پھر کہا: ماشاء اللہ! شاید اسی وجہ سے آپ کے یہ ٹھاٹ باٹ ہیں، آپ کے دونوں بچوں نے تو آپ کا نام روشن کر دیا ہے اور آپ کو اعلیٰ مقام میسر کرایا ہے۔۔۔

پھر انہوں نے قدرے توقف سے پوچھا: آپ کا تیسرا لڑکا کیا کر رہا ہے؟

تو وہ صاحب بولے: وہ پڑھا لکھا بالکل نہیں ہے، گاڑیوں کا میکانک ہے اور اس کی بیوی بھی جاہل ہے۔۔۔

دوست نے افسوس کے ساتھ کہا: آپ کے تیسرے بیٹے نے تو آپ کی عزت مٹی میں ملا دی ہے گویا۔۔

ان صاحب نے سرد آہ بھر کر کہا: یہ ساری شان و شوکت اسی تیسرے بیٹے اور بہو کی محنت اور محبت کا نتیجہ ہے۔ باقی دو تو ہمیں پلٹ کر بھی نہیں پوچھتے کہ ہم زندہ بھی ہیں یا نہیں؟ وہ تو بس اپنی بیوی بچوں کی دنیا میں مست ہیں۔

آج کے ماں باپ اپنا خون پسینہ ایک کر کے اپنے بچوں کے مستقبل کو روشن کرنے کے لئے تعلیم ضرور دلا رہے ہیں لیکن شاید آج کے ماحول کی وجہ سے ان کی تربیت میں کوئی کمی رہ جا رہی ہے کیوں کہ جب وہ اپنے بچوں کو پڑھا لکھا کر اچھی ملازمت دلا کر یا باہر بھیج کر ایک تر نوالا بنا کر ان کی شادی خوشی خوشی کرتے ہیں تو وہی تر نوالا دوسرے کے حلق میں تو فوری اتر جاتا ہے اور بیچارے ماں باپ کے حلق میں ہمیشہ ہمیشہ کے لیے پھنس جاتا ہے۔ جس عمر میں انہیں پیار اور نگہداشت کی ضرورت ہوتی ہے تو اس وقت اپنی محنت کی پکی پکائی ہنڈی کسی اور کو سونپ کر بے نور آنکھوں سے صرف خلا میں گھورتے رہ جاتے ہیں۔

ایک نوجوان ماں باپ کے بے حد اصرار پر پردیس سے ان سے ملنے آیا اور باپ سے گفتگو کر تا بیٹھا تھا کہ ایک کبوتر کھڑکی پر آ کر بیٹھا۔ باپ نے پوچھا: یہ کیا ہے؟

تو بیٹے نے کہا: کبوتر ہے۔ تھوڑی دیر بعد کسی آواز پر باپ نے دوبارہ پوچھا کہ کاہے کی آواز ہے؟ تو بیٹا پھر بولا: کبوتر ہے۔ جب ضعیف باپ نے تھوڑی دیر بعد تیسری بار وہی

سوال دہرایا تو لڑکے نے جھنجھلا کر کہا: ہم لوگ اسی لئے آپ سے ملنے نہیں آنا چاہتے تھے کیوں کہ آپ ایک ہی بات بار بار پوچھ کر دماغ خراب کر دیتے ہیں۔

یہ سن کر ضعیف باپ کچھ دیر چپ رہا پھر اپنے بیٹے سے کہا: میرے بیڈ روم میں آج سے پچیس سال قبل کی میری لکھی ہوئی ڈائری رکھی ہے اسے لے آؤ اور اس کے چوتھے صفحے پر کیا لکھا ہے پڑھ کر مجھے سناؤ۔ لڑکا نہایت بیزارگی سے ڈائری اٹھا لایا اور چوتھا صفحہ کھول کر پڑھنے لگا، اس میں لکھا تھا:

"آج میرا لڑکا تین سال کا ہو گیا ہے اور میں اسے اپنی گود میں لے کر آنگن میں بیٹھا تھا تو ایک کبوتر آ کر کھڑکی پر بیٹھ گیا، میرے بچے نے پوچھا: وہ کیا ہے؟ میں نے کہا کبوتر ہے۔ میرے بچے نے یہی سوال مجھ سے پچیس بار پوچھا اور میں ہر بار مسکرا کر اس کا جواب دیتا رہا کہ بیٹا وہ کبوتر ہے۔ آج میں اتنا خوش ہوں کہ بیان نہیں کر سکتا کیوں کہ میرا بیٹا بات کرنا سیکھ چکا ہے، آج کا دن میری زندگی کا سب سے اہم دن ہے۔"

بیٹا اس تحریر کو پڑھ کر رونے لگا اور باپ سے معافی مانگنے لگا تو باپ نے کہا:

"بیٹا! کسی غلطی سے آدمی گر نہیں جاتا لیکن وہی غلطی بار بار دہرائے تو پھر وہ گر جاتا ہے۔ زندگی میں کامیاب ہونے کے لئے کبھی صبر کا دامن مت چھوڑو، ہمیشہ سب سے اچھے رہو، تم زندگی میں جب ترقی کرو تو سب کو ساتھ لے کر چلو کیوں کہ اگر کبھی تم پر برا وقت آیا تو وہ لوگ وہیں کھڑے تمہاری مدد کو تیار ملیں گے جہاں تم نے انہیں چھوڑا تھا۔"

آج جب ہم اپنے پرانے ساتھیوں سے ملتے ہیں اور جب کوئی پوچھتا ہے کہ بچے کیا کر رہے ہیں؟ تو ہم ظاہری طور پر بڑے فخر سے کہتے ہیں کہ بچے باہر ہیں۔۔۔

لیکن ہمارے دل سے درد کی ایک ٹیس اٹھتی ہے کیوں کہ ہمیں یاد آتا ہے کہ ایک وقت وہ تھا جب ہمارا گھر ہمیشہ خوشیوں، بچوں کی چیخ و پکار اور مختلف آوازوں سے بھرا ہوتا تھا۔ ہر طرف بے ترتیبی نظر آتی تھی لیکن اس کے باوجود ہم پر سکون رہا کرتے تھے، بچوں کو مختلف چیزیں لاکر سلیقے سے رکھنے کو کہیں، وہ کبھی کوئی چیز وقت پر اور جگہ پر نہیں رکھتے۔۔۔ اب سارے بچے بڑے ہوگئے ہیں، ان کی شادیاں ہوگئی ہیں اور ان کے بھی بچے ہوگئے ہیں اور وہ سب کے سب اپنے اپنے بچوں کے ساتھ جاکر باہر بس گئے اور گھر میں مکمل سناٹا ہے کوئی شور شرابہ نہیں۔ برسوں ایک جگہ رکھی ہوئی چیز جوں کی توں پڑی ہے، گھر میں مکمل سکون ہے، شور شرابا یا کوئی بے ترتیبی نہیں۔۔۔

ایک وقت تھا جب میری بیوی سارا دن بچوں کے پیچھے چیختی چلاتی رہتی تھی اور ہر تھوڑی دیر بعد آکر مجھ سے بچوں کی شکایت کرتی رہتی تھی۔ اب وہ بھی مکمل خاموش ہو گئی ہے، بچوں کے باہر چلے جانے سے گھر کا ماحول انتہائی پر سکون ہو گیا ہے اور آج ہمیں یہ احساس ہو رہا ہے کہ شور شرابا زندگی کی علامت ہے اور سکون موت کی نشانی ہے۔

جس شور شرابے سے ہم سمجھتے تھے کہ پاگل ہو جائیں گے، لیکن اچھے بھلے تھے لیکن آج ان سناٹوں سے ایسا محسوس ہوتا ہے جیسے ہم پاگل ہو جائیں گے۔ محدود ذرائع روزگار نے ہمیں مجبور کر دیا ہے کہ اپنے بچوں کا مستقبل سنوارنے کے لئے انہیں باہر بھیج دیں لیکن پردیس جاکر ہمارے بچے ہم سے دور بہت دور ہو گئے ہیں۔

دشمن کو بھی ہوتی ہے میرے حال پہ رقت
پر دل یہ تیرا ہے کہ کبھی بھر نہیں آتا

جو مجھ پہ گزرتی ہے کبھی دیکھ لے ظالم
پھر دیکھوں کہ رونا تجھے کیوں کر نہیں آتا

The dilemma of today's parents and guardians. Essay: Mazhar Qadri

* * *